BRICS: El Surgimiento de un Nuevo Orden Mundial

Un Análisis Profundo de las Cinco Potencias Emergentes - Brasil, Rusia, India, China y Sudáfrica - y su Impacto en el Futuro Global

Carlos Emergente

1. **Introducción a las BRICS** • Definición e historia de las BRICS (Brasil, Rusia, India, China, Sudáfrica).

2. **Economía de las BRICS** • Análisis de las economías de cada miembro y su impacto global.

3. **Política de las BRICS** • Examen de las políticas internas y externas de los países BRICS.

4. **Relaciones Internacionales** • Análisis de las relaciones entre las BRICS y otros actores globales.

5. **Nuevo Orden Mundial** • Definición y conceptos clave del nuevo orden mundial.

6. **Impacto de las BRICS en el Nuevo Orden Mundial** • Cómo las BRICS están moldeando el nuevo orden mundial.

7. **Tecnología e Innovación** • Papel de las BRICS en el desarrollo tecnológico y la innovación.

8. **Desarrollo Sostenible** • Políticas y prácticas de desarrollo sostenible adoptadas por las BRICS.

9. **Desigualdades y Disparidades** • Examen de las desigualdades y disparidades dentro y entre los países BRICS.

10. **Conflictos y Cooperación** • Análisis de los conflictos y áreas de cooperación entre los miembros de las BRICS.

11. **Cambio Climático** • Papel y responsabilidad de las BRICS en el contexto del cambio climático.

12. **Estrategias de Defensa y Seguridad** • Políticas de defensa y seguridad de las BRICS en el nuevo orden mundial.

13. **Cultura y Sociedad** • Impacto de las culturas y sociedades de las BRICS en el mundo.

14. **Instituciones Financieras** • Papel de las instituciones financieras de las BRICS, como el Banco de los BRICS.

15. **Comercio Internacional** • Análisis del papel de las BRICS en el comercio internacional.

16. **Globalización vs Nacionalismo** • Discusión sobre cómo las BRICS equilibran la globalización y el nacionalismo.

17. **Derechos Humanos** • Análisis de la situación de los derechos humanos en los países BRICS.

18. **Futuro de las BRICS** • Perspectivas y desafíos futuros para las BRICS en el nuevo orden mundial.

1. Introducción a las BRICS Definición y Historia de las BRICS (Brasil, Rusia, India, China, Sudáfrica)

A. Definición Las BRICS representan una asociación de cinco grandes economías emergentes a nivel global: Brasil, Rusia, India, China y Sudáfrica. El acrónimo "BRICS" se deriva de las iniciales de los nombres de estos países. La cooperación entre los miembros de las BRICS se centra en varios ámbitos, incluyendo el desarrollo económico, la política y la diplomacia, y cuestiones relacionadas con la seguridad.

B. Historia - Primeros años y Formación:

- La cooperación inicial se centraba en cuatro países (Brasil, Rusia, India y China) antes de la incorporación de Sudáfrica en 2010.

- La idea de una asociación entre grandes economías emergentes fue formulada por primera vez en 2001 por el economista Jim O'Neill, quien acuñó el acrónimo "BRIC" (antes de la inclusión de Sudáfrica). **- Desarrollo de las BRICS:**

- Desde la primera reunión de ministros de finanzas en Alemania en 2006, los países reconocieron la importancia de una asociación constructiva.

- La primera cumbre de BRICS se celebró en Yekaterimburgo, Rusia, en 2009, marcando un hito en la formalización de la colaboración entre los países. - **Ingreso de Sudáfrica:**

- En 2010, Sudáfrica fue invitada a unirse al grupo, y el acrónimo se modificó de "BRIC" a "BRICS".

- La inclusión de Sudáfrica introdujo una nueva dinámica en el grupo y amplió su impacto y alcance, especialmente en relación con África y los países en desarrollo.

C. Evolución - Cooperación Económica:

- Las BRICS han trabajado en la promoción del crecimiento económico y el desarrollo sostenible entre los países miembros y a nivel global. - **Plataforma Política y Diplomática:**

- Además de la colaboración económica, las BRICS han ofrecido una plataforma para la discusión y la cooperación en cuestiones políticas y diplomáticas. - **Influencia Global:**

- Con el tiempo, las BRICS han ampliado su alcance, teniendo un impacto significativo en las dinámicas globales, gracias también a su creciente influencia económica y política. - **Desafíos y Críticas:**

- A pesar de ser un poderoso bloque económico, las BRICS enfrentan diversos desafíos y críticas, incluyendo desigualdades internas, divergencias políticas y diferencias en objetivos y metodologías.

D. Objetivos - Fortalecer la Cooperación:

- El objetivo principal de las BRICS es fortalecer la cooperación entre los países miembros y enfrentar problemas globales de manera conjunta. **- Promover el Desarrollo:**

- Las BRICS buscan promover el desarrollo económico y social a nivel nacional y global. - **Equidad en el Sistema Global:**

- Trabajar por un orden mundial más justo y representativo, desafiando el orden existente y proponiendo nuevas dinámicas y estructuras.

Este primer punto proporciona una visión general de las BRICS, sentando las bases para discusiones y análisis adicionales que se pueden desarrollar en los capítulos posteriores de tu libro. Cada subpunto se puede explorar más a fondo, con datos, hechos, análisis y entrevistas para enriquecer la narrativa y proporcionar una comprensión profunda y holística del tema.

Introducción a las BRICS: Profundizaciones y Aspectos Adicionales

Dimensiones Geoestratégicas Las BRICS no solo representan un influyente bloque económico, sino que también ocupan una posición geoestratégica importante en el mundo. Su ubicación geográfica y sus respectivas esferas de influencia regional tienen un impacto significativo en los equilibrios políticos y económicos globales. Por ejemplo, China es un actor clave en Asia-Pacífico, mientras que Brasil tiene una posición destacada en América Latina. Cada miembro aporta no solo el peso de su propia economía, sino también sus relaciones regionales y alianzas estratégicas.

Facetas Culturales La diversidad cultural entre Brasil, Rusia, India, China y Sudáfrica es notable y se manifiesta a través del idioma, la religión, las tradiciones y las normas sociales. Esta pluralidad cultural influye en la diplomacia y las decisiones políticas dentro del bloque, generando dinámicas interesantes y complejas. La variedad y riqueza de las culturas representan tanto un desafío como una oportunidad para la cooperación entre los miembros de las BRICS.

Divergencias Políticas A pesar de la cohesión en algunas áreas, existen divergencias políticas significativas entre los países BRICS, que se manifiestan en términos de gobernanza interna, política exterior e ideologías políticas. Por ejemplo, mientras que India es la democracia más grande del mundo, China está dirigida por un solo partido. Estas diferencias pueden influir en la cohesión del grupo y su capacidad para presentarse como una entidad unida en cuestiones internacionales.

Recursos Naturales y Ambientales Las BRICS están dotadas de abundantes recursos naturales, incluyendo petróleo, gas natural, minerales y biodiversidad. El uso y la gestión de estos recursos son cruciales tanto para las economías nacionales como para el equilibrio ecológico global. El enfoque en la gestión de los recursos y el medio ambiente es otro aspecto que puede tanto unir como dividir a los miembros de las BRICS, dadas sus diversas necesidades, prioridades y desafíos ambientales.

Dinámicas Demográficas Las dinámicas demográficas en los países BRICS también son de gran interés. Por ejemplo, India y Brasil tienen una población relativamente joven, mientras que China está experimentando un envejecimiento demográfico. Estas dinámicas influyen en la fuerza laboral, la productividad, los mercados de consumo y las políticas sociales, y por lo tanto, representan un importante factor que moldea las estrategias nacionales e internas de cada país.

Investigación y Desarrollo (I+D) Las BRICS están activamente comprometidas en la investigación y desarrollo. China, en particular, ha realizado inversiones significativas en áreas como la inteligencia artificial y la tecnología 5G. El enfoque en la I+D puede representar una plataforma para la colaboración dentro de las BRICS, donde el intercambio de conocimientos y la innovación pueden allanar el camino para soluciones compartidas a problemas comunes.

Seguridad Colectiva El concepto de seguridad colectiva ha cobrado relevancia en las discusiones dentro de las BRICS, que buscan navegar a través de los desafíos de la seguridad global manteniendo un equilibrio entre la autonomía nacional y la cooperación multilateral. Los miembros de las BRICS colaboran en varias cuestiones de seguridad, aunque con cierta precaución para preservar su soberanía y autonomía decisional.

Educación y Competencias La educación y el desarrollo de habilidades son fundamentales para respaldar el crecimiento económico y la innovación. Cada país BRICS tiene sus propios desafíos y objetivos en este sector, que van desde la educación básica hasta la formación avanzada y el desarrollo de habilidades del siglo XXI.

Estos son solo algunos aspectos que podrían explorarse y desarrollarse aún más en un análisis detallado de las BRICS. Cada subsección puede profundizarse con datos, historias y análisis para crear una comprensión multidimensional de las BRICS, ofreciendo al lector una visión general y, al mismo tiempo, detallada del bloque y sus dinámicas. Cada elemento también podría explorarse a través de entrevistas con expertos, análisis de políticas específicas y exploración de escenarios futuros.

Inversiones y Flujos Financieros Las BRICS desempeñan un papel esencial en el panorama financiero global. Los flujos financieros y las inversiones extranjeras directas hacia y desde los países BRICS se han convertido en un elemento clave para respaldar el crecimiento económico mundial. El Banco de BRICS, formalmente conocido como el Nuevo Banco de Desarrollo (NDB), es un ejemplo notable de cómo estos países están tratando de construir instituciones paralelas que reflejen y respalden sus aspiraciones y prioridades de desarrollo.

Asuntos Legales y Regulatorios Las cuestiones legales y regulatorias en los países BRICS son diversas y afectan al entorno de negocios e inversión. Las diferencias en la regulación, los estándares, las políticas de mercado y las leyes laborales son temas relevantes que requieren un estudio cuidadoso para comprender el funcionamiento interno y las dinámicas de las BRICS, tanto individualmente como bloque.

Dinámicas del Mercado Laboral El mercado laboral en los países BRICS es otro ámbito que merece un examen detallado. Por ejemplo, mientras que India y Brasil enfrentan desafíos relacionados con una fuerza laboral en crecimiento y la necesidad de crear nuevas oportunidades de trabajo, Rusia y China están navegando a través de cambios demográficos y un envejecimiento de la población activa.

Salud Pública El sector de la salud pública en los países BRICS es otro terreno fértil para la investigación y el análisis, especialmente a la luz de los desafíos surgidos durante la pandemia de COVID-19. Las diferentes formas en que cada país abordó la crisis de salud, sus respuestas a las vacunas y las estrategias de distribución ofrecen ideas interesantes sobre las prioridades nacionales y la capacidad de gestión de emergencias.

Relaciones con Otros Bloques Económicos La interacción de las BRICS con otros bloques económicos y políticos, como la Unión Europea, la ASEAN o el G7, es otro aspecto que puede examinarse para comprender cómo estas dinámicas afectan la geopolítica global y la cooperación internacional. Esto incluye alianzas estratégicas, tensiones y colaboraciones con otras economías emergentes y naciones desarrolladas.

Turismo e Intercambio Cultural El turismo y el intercambio cultural entre los países BRICS y el resto del mundo ofrecen un terreno fértil para explorar cómo se comparten y celebran la cultura, el arte y las tradiciones. Cada país de las BRICS tiene un patrimonio cultural único y un panorama turístico distintivo que puede servir como puente para fortalecer los lazos y promover la comprensión mutua.

Relaciones Diplomáticas Intrincadas Aunque las BRICS como entidad comparten ciertos objetivos comunes, las relaciones bilaterales entre los miembros están caracterizadas por complejidades y facetas diversas. Por ejemplo, las relaciones entre India y China están llenas de desafíos y oportunidades, que coexisten con los objetivos comunes perseguidos a través del foro de las BRICS.

Infraestructura y Proyectos de Desarrollo El papel de las BRICS en el desarrollo de infraestructura, tanto a nivel nacional como en terceros países, particularmente a través de iniciativas como la Iniciativa del Cinturón y Ruta de la Seda (BRI) de China, es otro factor que puede examinarse para comprender cómo estos países están tratando de expandir su influencia y promover la conectividad.

Cambio Climático y Sostenibilidad La postura de las BRICS ante el cambio climático y la sostenibilidad, así como sus políticas nacionales y compromisos internacionales en materia ambiental, merecen un análisis detenido para comprender las estrategias y prioridades de estos países en un contexto global.

Continuar explorando cada uno de estos aspectos ofrecería una visión de 360 grados de las BRICS, permitiendo examinar las dinámicas internas y externas que moldean este influyente bloque económico y político. Además, explorar cómo estos temas están entrelazados y se influyen mutuamente proporcionaría una comprensión más profunda de los desafíos y oportunidades que surgen de las interacciones entre Brasil, Rusia, India, China y Sudáfrica.

Economías Digitales y Ciberseguridad La evolución de las economías digitales en los países BRICS revela una serie de dinámicas que afectan tanto al desarrollo interno como a las relaciones exteriores. Mientras que China es un gigante en tecnología digital y comercio electrónico, los demás países BRICS también están explorando y adoptando avances en el sector digital. Al mismo tiempo, las cuestiones de ciberseguridad, protección de datos y privacidad se vuelven cruciales, especialmente considerando las diversas posturas y políticas que cada país adopta en relación con la cibernética y la digitalización.

Derechos Humanos y Cuestiones Sociales Los problemas relacionados con los derechos humanos y las cuestiones sociales en las naciones BRICS ofrecen otro campo de investigación. Cada país tiene desafíos y contextos específicos en cuanto a derechos civiles, igualdad de género, derechos laborales e inclusión social que pueden influir tanto en la política interna como en la percepción y las relaciones internacionales.

Agroindustria y Seguridad Alimentaria La agroindustria y la seguridad alimentaria son otros aspectos vitales para explorar. Dado que los países BRICS desempeñan un papel significativo en la producción alimentaria mundial, comprender cómo gestionan la producción, distribución y seguridad alimentaria, no solo para sus ciudadanos sino también desde una perspectiva de mercado global, es fundamental.

Militarización y Defensa El análisis de los programas de militarización y las estrategias de defensa de los países BRICS abre una ventana a las dinámicas de poder y seguridad. Cada miembro tiene su propia percepción de las amenazas, objetivos de defensa y alianzas militares, lo que contribuye a formar una red compleja de cooperación y, a veces, de tensión dentro del bloque.

Migración y Movilidad Los fenómenos de migración y la movilidad de la mano de obra entre y dentro de los países BRICS son igualmente significativos. Desde India y China, conocidos por su significante diáspora global, hasta Brasil y Sudáfrica, que enfrentan cuestiones de migración interna y regional, explorar cómo la movilidad de las personas influye en la economía y la sociedad se vuelve relevante.

Religión e Identidad Nacional Las cuestiones de religión e identidad nacional, y cómo están entrelazadas con la política y la sociedad en cada país BRICS, representan otro ámbito de análisis. La convivencia de diversas religiones y creencias y el papel que desempeñan en la formulación de políticas nacionales e internacionales, así como en las relaciones inter-estatales, son temas que pueden explorarse con detalle.

Políticas Energéticas y Recursos Las políticas energéticas y el uso de recursos en los países BRICS, tanto en términos de consumo interno como de exportaciones, ofrecen ideas para comprender las dinámicas de desarrollo y los patrones de comercio internacional. El acceso a la energía y la gestión de los recursos naturales se convierten en puntos clave en las negociaciones internacionales y en la definición de estrategias de desarrollo sostenible.

Desigualdades Sociales y Económicas Las desigualdades sociales y económicas dentro de los países BRICS representan otra dimensión crucial. A pesar de que los cinco países han mostrado un crecimiento económico significativo, existen notables disparidades en cuanto a la distribución de la riqueza, el acceso a oportunidades y el desarrollo humano, lo que se refleja en diferentes sectores de la sociedad y la economía.

Soft Power y Cultura Popular Por último, el soft power y la difusión de la cultura popular de las naciones BRICS en el contexto global pueden ser examinados para comprender cómo estos países exportan su cultura e influyen en las dinámicas globales a través del cine, la música, el arte y otras expresiones culturales.

Cada punto mencionado anteriormente puede ser desarrollado y explorado más a fondo a través de un enfoque analítico y crítico, buscando comprender no solo las políticas y prácticas actuales, sino también cómo pueden evolucionar en el futuro y qué implicaciones pueden tener tanto a nivel nacional como internacional. Además, la conexión e interacción entre estos diversos temas ofrecerá una visión holística y multidimensional de las BRICS en el panorama mundial.

Conclusión del Punto: Entrelazamientos y Desafíos de los Países BRICS La incorporación y el análisis de estos diferentes aspectos en torno a las BRICS delinean un cuadro intrincado de poder, influencia, desafíos y oportunidades en el escenario global. Aunque las BRICS actúan como un conglomerado de naciones emergentes con objetivos comunes y desafíos similares, llevan consigo una serie de peculiaridades nacionales distintivas que a menudo moldean sus interacciones tanto dentro del grupo como a nivel global. Las economías de las BRICS, a pesar de haber mostrado un desarrollo significativo y una creciente influencia en las últimas décadas, no están exentas de desafíos cruciales y contradicciones internas. Por ejemplo, mientras comparten la ambición de reformar las instituciones financieras internacionales y mejorar su estatus en términos de gobernanza económica global, también existen fuertes rivalidades, especialmente en términos de liderazgo regional y global. Los problemas relacionados con las desigualdades económicas y sociales, combinados con diversas desafíos ambientales, demográficos y de derechos humanos, forman un trasfondo común, pero se manifiestan de manera diferente en cada nación. Cada país BRICS ha demostrado una resistencia y capacidad diferente para abordar estos desafíos, a menudo inspirándose o diferenciándose de las estrategias adoptadas por sus homólogos.

Para Ejemplo: Diversidad y Desafíos en las BRICS Por ejemplo, China, con su gigantesca economía y su enfoque autoritario en la gobernanza, presenta una serie de desafíos y estrategias notablemente diferentes a las de India, que a su vez tiene una democracia pluralista y una sociedad altamente diversificada. Del mismo modo, Brasil, con sus desafíos políticos internos y su riqueza en recursos naturales, y Rusia, con sus ambiciones geopolíticas y una economía centrada en la energía, ofrecen contrastes adicionales y comparaciones útiles dentro del bloque. Además, la interacción y el diálogo entre las BRICS y otros actores globales, incluyendo tanto a países desarrollados como a otras economías emergentes, configuran un mosaico de relaciones que oscilan entre la cooperación y la competencia. La dinámica de estas relaciones a menudo se forma a través de una combinación de factores como la diplomacia bilateral, los intereses económicos, las alianzas estratégicas y cuestiones globales como el cambio climático y la gestión de pandemias. Así, cada BRICS representa un vértice individual en una red más amplia de relaciones y dinámicas globales, cuyo poder e influencia están tanto potenciados como limitados por sus respectivas capacidades y la complejidad de los desafíos tanto internos como internacionales. Por lo tanto, un estudio en profundidad de las BRICS, que considere tanto las aspiraciones y desafíos comunes del grupo como las singularidades de cada miembro, puede ofrecer valiosas ideas para comprender la naturaleza multifacética del poder y la influencia en el orden mundial contemporáneo. Explorar estos puntos de intersección, donde los desafíos nacionales se encuentran con las aspiraciones y dinámicas globales, proporciona una visión penetrante de las complejidades de las relaciones internacionales contemporáneas y de los mecanismos a través de los cuales los países BRICS persiguen sus intereses y navegan en las a menudo tumultuosas aguas de la geopolítica mundial. En resumen, la narrativa colectiva e individual de las BRICS representa una mezcla única de colaboración, competencia y una búsqueda continua de una posición más influyente y reconocida dentro del sistema mundial. Esta combinación de factores y dinámicas contribuye a definir y, al mismo tiempo, a complicar la trayectoria futura de estos países clave en el contexto global.

2. Economía de las BRICS • Análisis de las economías de cada miembro y su impacto global.

Economía de las BRICS: Análisis e Impacto Global Las BRICS, compuestas por Brasil, Rusia, India, China y Sudáfrica, representan una entidad económica significativa en el panorama mundial. Estos países, a pesar de sus diferencias culturales, políticas y económicas, han logrado crear un frente común, desarrollando colaboraciones significativas en el contexto económico global. Examinemos más detenidamente las economías de los miembros y el impacto global del grupo.

Brasil: Agricultura y Recursos Brasil cuenta con una economía impulsada en gran medida por el sector agrícola y una abundancia de recursos naturales. Es uno de los principales exportadores mundiales de soja, azúcar y café, y posee vastas reservas de mineral de hierro y bauxita. El país ha enfrentado desafíos significativos, como la estabilidad económica y cuestiones sociales como la desigualdad. Su influencia en las BRICS a menudo se define por su capacidad para proporcionar productos agrícolas y materias primas.

Rusia: Energía y Poder Global La economía rusa está profundamente arraigada en sus vastos recursos energéticos, en particular el petróleo y el gas natural. Es uno de los principales exportadores de energía en el mundo, lo que sitúa al país como un actor clave en el equilibrio energético global. Rusia a menudo ha utilizado sus recursos energéticos como herramienta de política exterior, influyendo en otros países y bloques económicos a través de la manipulación de suministros energéticos.

India: Demografía y Servicios India se caracteriza por una demografía única y un sector de servicios en rápido crecimiento, con una fuerza particular en tecnología de la información y software. Con una población joven y un amplio mercado interno, India a menudo se ve como un motor para el crecimiento económico futuro. Sin embargo, desafíos como la desigualdad económica y tensiones geopolíticas con los vecinos influyen en su trayectoria económica y política.

China: Manufactura e Influencia Global China se destaca como "la fábrica del mundo" con su inmensa capacidad manufacturera y su creciente sector tecnológico. La Iniciativa de la Franja y la Ruta y otras estrategias de inversión global han consolidado el papel de China como un influyente actor económico mundial. Sin embargo, su economía enfrenta desafíos como la creciente deuda y las tensiones comerciales con otras potencias globales.

Sudáfrica: Minerales y Desafíos Sociales
Sudáfrica, con sus abundantes recursos minerales como el oro y los diamantes, desempeña un papel crítico en la economía mundial de materias primas. Sin embargo, el país enfrenta desafíos sociales y económicos significativos, como el desempleo, la pobreza y desigualdades estructurales arraigadas en su historia, que afectan sus perspectivas económicas y la estabilidad regional.

Impacto Global de las BRICS La implicación de las BRICS a nivel global es innegable. Desde el poder de negociación en el comercio internacional hasta la inversión extranjera directa y la influencia en las instituciones financieras internacionales, las BRICS son un bloque que no se puede pasar por alto. Han buscado rediseñar las normas y reglas de la economía global, presionando por una mayor representación e influencia en instituciones globales como el Fondo Monetario Internacional y el Banco Mundial.

Conclusión A pesar de estar unidos por objetivos comunes, las diferencias económicas entre los miembros de las BRICS son notables. Comprender las dinámicas internas de cada país y sus estrategias de interacción global es fundamental para descifrar las futuras trayectorias del bloque y del sistema económico global en su conjunto. Analizar detalladamente cada economía, considerando los desafíos y oportunidades ofrecidos por cada país, así como las tensiones y colaboraciones dentro del grupo, proporciona una perspectiva esencial para cualquier discusión sobre el futuro de la economía global y la dinámica del poder internacional.

La Naturaleza de las Economías BRICS y su Impacto en el Orden Económico Global

La naturaleza de las economías BRICS y su impacto en el orden económico global es una cuestión esencial para quienes buscan comprender las dinámicas contemporáneas de la geopolítica y la economía internacional. Uno de los aspectos más intrigantes de las BRICS es la diversidad de sus economías y cómo esta diversidad es tanto una fuente de fortaleza como un posible punto de fricción dentro del grupo.

Las economías de las BRICS son distintivamente diversas pero, al mismo tiempo, integradoras. Mientras que Brasil y Sudáfrica son potencias agrícolas y mineras, Rusia es una superpotencia energética. Al mismo tiempo, India tiene una economía donde el sector de servicios, en particular la tecnología de la información y servicios relacionados, domina, mientras que China es una potencia manufacturera a nivel global. Esta combinación de habilidades y enfoques económicos permite potencialmente que las BRICS actúen como un bloque económico integral, capaz de ser autosuficiente hasta cierto punto, aunque esté bien integrado en la economía global.

Sin embargo, es esencial notar que existen significativas disparidades económicas y de desarrollo entre los miembros de las BRICS. Mientras que China ha experimentado un increíble crecimiento económico y ahora es una de las mayores economías del mundo, otros países como Brasil y Sudáfrica han enfrentado notables desafíos en términos de crecimiento económico y desarrollo sostenible. Además, mientras que India tiene una de las poblaciones más jóvenes del mundo, lo que podría potencialmente traducirse en un dividendo demográfico, Rusia está experimentando un envejecimiento de la población, lo que podría tener implicaciones significativas para su crecimiento económico futuro y la sostenibilidad de su modelo de bienestar.

La cuestión de las disparidades internas dentro de las BRICS también es relevante cuando se considera la distribución de la riqueza dentro de estos países. Por ejemplo, China, a pesar de su impresionante crecimiento económico, enfrenta importantes desafíos en términos de desigualdad de ingresos y distribución de la riqueza. Del mismo modo, India tiene una de las distribuciones de riqueza más desiguales en el mundo, con una parte significativa de su población aún viviendo en extrema pobreza.

Estos factores internos, combinados con desafíos externos y el entorno económico global, son críticos para comprender la trayectoria y las perspectivas futuras de las economías BRICS. Por ejemplo, las tensiones comerciales entre China y Estados Unidos no solo tienen implicaciones directas para la economía china, sino que, dado el carácter interconectado de las economías globales, tienen efectos que impactan a todos los miembros de las BRICS y más allá.

En términos de gobernanza económica global, las BRICS han buscado desafiar y reformar las instituciones económicas existentes, promoviendo una mayor inclusividad y representación para los países en desarrollo. La creación del Banco de Desarrollo de los BRICS es un ejemplo de este esfuerzo, dirigido a proporcionar una alternativa a las instituciones de Bretton Woods y a promover modelos de desarrollo y financiamiento más alineados con las necesidades y prioridades de los países en desarrollo.

Cada miembro de las BRICS, al tener desafíos económicos únicos y aspiraciones globales específicas, aporta una serie de expectativas y objetivos a la mesa que buscan navegar a través de la cooperación intra-BRICS y las interacciones con la economía global. La interacción entre la competitividad y la cooperación, tanto dentro del bloque como entre las BRICS y otros actores económicos clave, delineará significativamente el futuro panorama económico global.

En un escenario en el que el multilateralismo está bajo tensión y el proteccionismo está ganando terreno en varias partes del mundo, las BRICS representan una interesante amalgama de cooperación Sur-Sur y el ascenso de países emergentes que buscan un lugar en la mesa de decisiones económicas globales. Su capacidad para negociar como un bloque y proponer alternativas al sistema económico global existente será fundamental para comprender y anticipar las futuras dinámicas de la economía mundial.

Dentro de la compleja red de economías de las BRICS, observar las metodologías adoptadas para abordar los desafíos económicos y aprovechar las oportunidades se convierte en un viaje esencial a través de diversas estrategias y modelos económicos. La interacción de las políticas monetarias, fiscales y comerciales, junto con las trayectorias específicas de crecimiento y desarrollo, proporciona un mosaico de ejemplos sobre cómo los estados emergentes se están adaptando y respondiendo a las presiones y desafíos del entorno económico global.

A pesar de haber construido un cierto grado de solidaridad como grupo, los miembros de las BRICS también muestran diversas formas de rivalidad y conflictos económicos. Por ejemplo, la competencia entre India y China en varios sectores, incluida la tecnología y la entrada en los mercados globales, ha creado una dinámica que es tanto de colaboración como de competencia. Las tensiones políticas y militares, especialmente a lo largo de sus fronteras comunes, han complicado aún más la relación económica, afectando el comercio bilateral y la inversión extranjera directa.

De manera similar, Brasil y China, a pesar de ser importantes socios comerciales, también son rivales en ciertos mercados de exportación, como los de América Latina y África, donde ambos buscan expandir su influencia económica y política. La naturaleza de estas interacciones ejemplifica cómo las alianzas económicas, como las BRICS, son capaces de albergar simultáneamente elementos de cooperación y competencia entre sus miembros.

Las Cuestiones del Debito y las BRICS

Las cuestiones relacionadas con la deuda son otro aspecto fundamental en la exploración de las economías de las BRICS. Mientras que algunos miembros, como China, han acumulado notables reservas de divisas extranjeras, otros, como Brasil, han enfrentado desafíos relacionados con la deuda externa y la dependencia de las importaciones. Sudáfrica, a su vez, ha luchado con problemas de deuda pública y un crecimiento estancado, que se han visto aún más complicados por el impacto económico de la pandemia de COVID-19.

Las Relaciones de las BRICS con Países Fuera del Bloque

El vínculo de las BRICS con naciones fuera del bloque es otro aspecto vital de discusión. Mientras buscan coordinar sus políticas y proyectos económicos, las BRICS también interactúan activamente con naciones no pertenecientes a las BRICS, tanto en términos bilaterales como a través de foros multilaterales. El enfoque adoptado por las BRICS hacia otras naciones económicamente poderosas, como Estados Unidos, la Unión Europea y Japón, y hacia otros países en desarrollo en Asia, África y América Latina, tiene un influjo significativo en los flujos comerciales globales,

los patrones de inversión y las dinámicas de la
geopolítica económica.

La Integración en las Cadenas Globales de Valor

La forma en que las BRICS se posicionan dentro de las
cadenas globales de valor es otra dimensión relevante
para la comprensión de sus economías. China, por
ejemplo, está fuertemente integrada en las cadenas
globales de valor, convirtiéndose en un punto focal
para la producción y exportación de productos
manufacturados. India, por otro lado, ha intentado
aumentar su participación en las cadenas de valor
globales, especialmente en el sector de servicios, pero
se ha visto obstaculizada por diversos desafíos,
incluyendo la necesidad de reformas en el sector
manufacturero y la infraestructura.

El Cambio Climático y la Sostenibilidad

El diálogo en curso sobre el cambio climático y la
sostenibilidad también tiene importantes
implicaciones para las economías de las BRICS, que se
ven obligadas a equilibrar la necesidad de crecimiento
económico con la presión global para adoptar prácticas
más sostenibles y reducir las emisiones de carbono. La
transición hacia una economía verde representa un
desafío adicional, dada la dependencia de algunos
miembros de las BRICS de las exportaciones de

recursos naturales y la producción intensiva de energía.

Vulnerabilidades y Oportunidades

Las economías de las BRICS, aunque llenas de dinamismo y resiliencia, no están exentas de vulnerabilidades, que se manifiestan de diversas maneras y en varios sectores. En el ámbito de las monedas, su estabilidad y fortaleza en los mercados financieros globales han sido objeto de análisis y discusión. La Rupia India y el Rand Sudafricano, por ejemplo, han mostrado una volatilidad significativa frente al dólar estadounidense y otras monedas fuertes, mientras que el Rublo Ruso ha experimentado periodos de inestabilidad debido en parte a factores geopolíticos y fluctuaciones en los precios de la energía.

Además, el sector tecnológico, que representa una parte vital y en crecimiento de la economía global, plantea diversos desafíos y oportunidades para las naciones BRICS. Mientras que China ha alcanzado niveles avanzados en el campo de la tecnología, con empresas como Alibaba y Tencent que tienen una presencia significativa a nivel mundial, India ha experimentado un crecimiento explosivo en su ecosistema de startups, creando innovaciones y soluciones en tecnología digital, fintech y más. Rusia ha consolidado su presencia en el campo de la ciberseguridad y la tecnología de la información, mientras que Brasil y Sudáfrica están tratando de fortalecer sus propios sectores tecnológicos a través de inversiones y asociaciones.

Sostenibilidad Económica y Ambiental

Otra dimensión que merece una reflexión profunda es la sostenibilidad económica y ambiental. Mientras estas naciones buscan expandir su crecimiento económico, la presión para hacerlo de manera ecológicamente sostenible y socialmente responsable está aumentando. China, por ejemplo, se enfrenta al desafío de equilibrar su rápida industrialización con la necesidad de reducir las emisiones y minimizar el impacto ambiental. Además, la cuestión de la sostenibilidad abarca también desafíos sociales, como la equidad, la inclusión y la justicia social, elementos esenciales para asegurar un crecimiento que beneficie a toda la sociedad.

Flujos de Inversión y Política Interna

Los flujos de inversión entre las naciones BRICS y hacia fuera del bloque representan otro aspecto crucial. Cada uno de estos países está buscando activamente atraer inversión extranjera directa (IED) para catalizar el desarrollo y el crecimiento económico, al mismo tiempo que intenta expandir sus propias perspectivas de inversión a nivel global. La Iniciativa Belt and Road de China es un ejemplo emblemático de cómo una nación BRICS está tratando de moldear las dinámicas económicas globales a través de inversiones en infraestructura a gran escala.

En términos de política interna, cada una de las economías de las BRICS enfrenta desafíos distintos relacionados con la demografía, la gobernanza y la estabilidad social. India, con su demografía increíblemente joven, está bajo presión para crear oportunidades de empleo y respaldar el crecimiento económico que pueda absorber la enorme cohorte de jóvenes que ingresa al mercado laboral cada año. Brasil, por otro lado, debe abordar problemas relacionados con la desigualdad social y económica, mientras que Rusia se enfrenta a los desafíos del envejecimiento de la población y la necesidad de diversificar su economía.

La cuestión de los derechos humanos y las libertades civiles, la gobernanza democrática y el estado de derecho están entrelazados con el discurso económico. La forma en que cada país de las BRICS aborda estos temas influye en la percepción global, las inversiones extranjeras y las relaciones bilaterales y multilaterales. Ser capaz de navegar a través de los desafíos de la gobernanza interna mientras se persigue el crecimiento económico y se mantiene una posición de fortaleza y cooperación en el escenario global es una dinámica crucial y compleja dentro de las estrategias económicas de las BRICS.

La Influencia de las BRICS en el Mundo

La influencia de las BRICS y su impacto en el mundo van más allá del simple dominio económico, infiltrándose en las esferas política, cultural y social a nivel global. Comprender estas esferas diversas, complejas e interconectadas requiere un análisis profundo que integre varios sectores y disciplinas, examinando las dinámicas tanto internas como externas para proporcionar un panorama holístico de sus trayectorias y futuras implicaciones.

El Equilibrio entre Crecimiento Económico y Desigualdad

Dentro del panorama de las economías de las BRICS, el equilibrio entre el mantenimiento del crecimiento económico y la gestión de la desigualdad se presenta como un punto de fricción esencial. Estas naciones han experimentado expansiones económicas significativas; sin embargo, en muchos casos, esto no ha llevado necesariamente a una distribución justa de la riqueza. Por ejemplo, en países como Brasil y Sudáfrica, donde la desigualdad económica es particularmente pronunciada, la brecha entre los sectores más ricos y más pobres de la sociedad sigue siendo un asunto político y social destacado. La distribución justa de recursos, oportunidades educativas y acceso a infraestructuras vitales son todas cuestiones que afectan a la sostenibilidad del crecimiento y el desarrollo económico.

La Integración en la Economía Global

Además, está la cuestión de la integración de las economías de las BRICS en el contexto de la economía global, no solo en términos de comercio internacional, sino también en relación con las redes globales de producción y distribución. Por ejemplo, la crisis sanitaria mundial ha revelado tanto la resistencia como la fragilidad de las cadenas de suministro globales, destacando la dependencia de ciertos países (como China) en cuanto a productos y materiales clave, así como resaltando las vulnerabilidades asociadas con este tipo de interdependencia. El equilibrio entre promover la autosuficiencia nacional y fomentar la integración económica global sigue siendo un asunto delicado para las economías de las BRICS.

La Geopolítica y las Relaciones Internacionales

Además, mientras que las BRICS buscan aumentar su peso e influencia en la economía mundial, también deberán navegar por las aguas, a veces turbulentas, de las relaciones internacionales y la geopolítica. Las tensiones entre los países miembros, como las de India y China, así como las tensiones con otras naciones y entidades económicas globales, inevitablemente moldearán el camino que las BRICS tomarán en el futuro. La gestión de estas tensiones y el mantenimiento de relaciones bilaterales y multilaterales constructivas serán esenciales para su éxito colectivo e individual en el escenario mundial.

La Energía y el Cambio Climático

La energía representa otro sector fundamental dentro del análisis de las economías de las BRICS. Mientras el mundo avanza gradualmente hacia fuentes de energía más limpias y sostenibles, las BRICS, que juntas representan una parte significativa del consumo energético mundial, tienen un papel crucial que desempeñar en esta transición. China e India, en particular, debido a sus enormes poblaciones e industrias en expansión, tienen un impacto significativo en los patrones de consumo energético globales. Su capacidad para implementar tecnologías energéticas renovables y promover prácticas sostenibles dentro de sus fronteras tendrá un efecto notable en la eficacia de los esfuerzos globales para combatir el cambio climático.

La Innovación y la Tecnología

El tema de la innovación y la adopción tecnológica atraviesa todos los sectores de las economías de las BRICS. La capacidad de generar, adoptar y difundir nuevas tecnologías no solo impulsa el crecimiento económico, sino que también facilita la resolución de problemas sociales, económicos y ambientales. La innovación no se limita a la tecnología digital, sino que se extiende a todos los sectores, incluyendo la agricultura, donde la adopción de prácticas agrícolas sostenibles e innovadoras puede tener un impacto significativo en la seguridad alimentaria, la gestión de recursos y el medio ambiente.

La Educación y el Desarrollo de Habilidades

La educación y el desarrollo de habilidades representan otro pilar crucial en el mosaico de las economías de las BRICS. La capacidad de estas naciones para desarrollar talentos y habilidades que satisfagan las necesidades de sus economías en evolución, de manera justa y accesible, tendrá un impacto significativo en su capacidad para mantener el crecimiento y la estabilidad económica a largo plazo. La educación no solo impulsa la innovación y el crecimiento económico, sino que también contribuye a promover una ciudadanía informada y comprometida, que es esencial para la gobernanza estable y el desarrollo social.

Así que, al navegar a través de la inmensa red de desafíos y oportunidades presentadas por las economías de las BRICS, es crucial reconocer la interconexión de varios sectores y temas, y cómo las decisiones y políticas en un área inevitablemente afectan a las demás. Esta interdependencia subraya la importancia de un enfoque holístico e integrado para comprender y guiar el desarrollo futuro de las BRICS en el contexto global. En resumen, el perfil económico de las BRICS se distingue por un paisaje tan rico como complejo, donde las trayectorias de crecimiento, los desafíos intrínsecos y las perspectivas futuras de las cinco economías emergentes interactúan en un sistema de influencias y dependencias mutuas con el entorno económico mundial.

Diversificación Económica y Sostenibilidad

La diversificación de sus bases económicas, el equilibrio entre la industria y la agricultura, el sector de servicios y la capacidad de gestionar e implementar innovaciones tecnológicas son elementos fundamentales que determinan la dirección de sus economías. Navegar entre la necesidad de asegurar el crecimiento y el desarrollo, al mismo tiempo que se equilibra la preservación del medio ambiente, la sostenibilidad social y la gestión de los recursos naturales, presenta a las BRICS desafíos de gran envergadura, pero también ofrece perspectivas para modelos alternativos de desarrollo económico.

Asimismo, la cuestión de las desigualdades socioeconómicas, tanto a nivel interno como en el contexto de las relaciones internacionales, emerge como un tema preponderante. La capacidad de las BRICS para abordar las desigualdades internas, promoviendo una inclusión económica y social más amplia, y para establecer relaciones internacionales que no amplifiquen aún más las brechas existentes, será determinante para su futuro y para la evolución de su papel a nivel global.

Además, la intersección de la política y la economía en las dinámicas de las BRICS subraya cómo los caminos económicos emprendidos por estos países están intrínsecamente vinculados a sus estrategias geopolíticas, dinámicas internas y ambiciones globales. Las tensiones políticas, tanto internas como entre los países BRICS, podrían actuar como catalizadores o inhibidores de los procesos de cooperación e integración económica, influyendo así en la forma y el contenido de las iniciativas económicas conjuntas y en la estabilidad de la coalición BRICS en sí.

Finalmente, las BRICS, con su creciente peso económico y su influencia en el escenario mundial, se ven obligadas a navegar en un orden económico global en transformación, conciliando sus aspiraciones con las responsabilidades que surgen de su creciente influencia. La capacidad de equilibrar los intereses nacionales con los del colectivo global, y de hacerlo de manera que no solo asegure el crecimiento y el desarrollo económico, sino que también promueva la sostenibilidad, la equidad y la estabilidad, será esencial para determinar el futuro no solo de las BRICS, sino también de la economía mundial en su conjunto.

El análisis de las economías de las BRICS, por lo tanto, debe llevarse a cabo con una perspectiva que vaya más allá de las métricas económicas individuales e incorpore una evaluación integral e integrada de los múltiples factores, dinámicas y desafíos que darán forma a su futuro y al papel que desempeñarán en la definición del orden económico mundial en las décadas venideras.

3. Política de las BRICS: Examen de Políticas Internas y Externas

La política de las BRICS, compuesta por los países de Brasil, Rusia, India, China y Sudáfrica, abarca una amplia gama de temas y desafíos, ya que estos estados presentan significativas diversidades en sus estructuras políticas, prioridades políticas y orientaciones ideológicas. Examinar tanto las políticas internas como las externas de estas naciones puede arrojar luz sobre cómo se influyen mutuamente y moldean el contexto geopolítico y geo-económico global.

Políticas Internas

Brasil Brasil, con su sistema democrático y su economía emergente, ha enfrentado diversos problemas internos, como la corrupción política, las tensiones sociales y los desafíos relacionados con la sostenibilidad del desarrollo económico y la justicia social. La lucha contra la pobreza y la desigualdad, junto con la gestión de los recursos naturales y la biodiversidad, son cuestiones políticas centrales.

Rusia Rusia, dirigida por un modelo de poder centralizado, enfrenta dilemas relacionados con la gestión de la diversidad étnica y religiosa interna, la economía basada en recursos energéticos y las tensiones con Occidente. Asuntos como las libertades civiles, la democracia y el papel de las instituciones independientes también son relevantes.

India India, la democracia más grande del mundo, se enfrenta a desafíos relacionados con la pluralidad religiosa y étnica, la desigualdad social y económica, y su rápido desarrollo. El equilibrio entre el crecimiento económico, la protección del medio ambiente y la inclusión social es un aspecto crítico.

China China, bajo el Partido Comunista, navega a través de la gestión del crecimiento económico, la estabilidad social y la afirmación de su propio modelo de gobernanza. Cuestiones como los derechos humanos, la libertad de expresión y la gestión de la innovación tecnológica son aspectos relevantes.

Sudáfrica Sudáfrica, con su pasado de apartheid y sus actuales desafíos relacionados con la desigualdad económica, la corrupción y la gestión de las tensiones sociales, persigue una trayectoria política orientada a la reconciliación, la renovación económica y la justicia social.

Políticas Externas

- **Cooperación y Competencia:** Las BRICS trabajan juntas en algunas áreas, como la financiera y la de desarrollo, pero también compiten, especialmente en términos de influencia global y acceso a recursos.

- **Gobernanza Global:** Las BRICS buscan redefinir y reformar activamente las instituciones de gobernanza global, apuntando a un mayor peso y representación para las economías emergentes.

- **Seguridad Global:** Las relaciones entre los países BRICS y otros actores globales son cruciales en la gestión de cuestiones como el terrorismo, la proliferación nuclear y los conflictos regionales.

- **Medio Ambiente y Desarrollo Sostenible:** El compromiso conjunto para abordar el cambio climático y promover un desarrollo sostenible, al tiempo que se mantienen sus agendas de crecimiento económico, es un área clave de política exterior.

- **Comercio e Inversiones:** Mientras se esfuerzan por desarrollar sus mercados internos, las BRICS también se comprometen activamente a crear oportunidades de comercio e inversión a nivel global, a veces a través de acuerdos bilaterales y multilaterales.

Política Interna y Externa de las BRICS

La confluencia de las políticas internas y externas de las BRICS genera un diálogo continuo entre la necesidad de abordar los asuntos domésticos y la ambición de forjar un papel influyente en el escenario internacional. Cada país aporta a la mesa de cooperación de las BRICS sus propias fortalezas, desafíos y expectativas, buscando trazar un camino que no solo salvaguarde los intereses nacionales, sino que también promueva un orden mundial más inclusivo y equitativo. La exploración de las dinámicas políticas dentro y entre las BRICS, por lo tanto, ofrece una ventana a través de la cual observar las tensiones, alianzas y aspiraciones que están dando forma al mundo contemporáneo.

Diversidad Política Interna y Externa

Cada país BRICS presenta una matriz política única, revelando una mezcla de convergencias y divergencias que estimulan tanto la colaboración como el contraste a nivel internacional. La fluidez de sus políticas internas y externas representa una dinámica fascinante entre el interés nacional individual y el interés colectivo de la coalición BRICS.

Políticas Externas y Desafíos Nacionales

Si exploramos más a fondo las políticas exteriores de los países BRICS, se hace evidente que mientras estos países buscan promover un orden mundial más multipolar, el enfoque de cada uno de ellos está profundamente arraigado en sus desafíos y aspiraciones nacionales. Por ejemplo, China ha adoptado la iniciativa "One Belt, One Road" (OBOR) para expandir su influencia económico-política a través de una amplia red de países. Por otro lado, India ha mantenido un equilibrio cauteloso entre su compromiso con las BRICS y sus crecientes lazos con las democracias occidentales, en particular a través del Quad, un foro de diálogo estratégico que también involucra a Estados Unidos, Japón y Australia.

Política Interna y Sus Implicaciones Externas

En cuanto a la política interna, cuestiones como la democracia, los derechos humanos y la gobernanza se vuelven aún más cruciales. Tomemos, por ejemplo, a Brasil: sus dinámicas políticas internas han estado marcadas por significativas polarizaciones, con implicaciones directas en su política exterior y sus interacciones dentro de las BRICS. De manera similar, en Sudáfrica, el tema dominante de la lucha continua contra la desigualdad económica y social, que resuena fuertemente en su política exterior, busca crear alianzas Sur-Sur y promover un orden internacional más equitativo.

Coordinación en Foros Internacionales y Divergencias

Además, las BRICS han buscado coordinar sus políticas en diversos foros internacionales, incluyendo aquellos relacionados con el comercio, el clima y la seguridad. A pesar de sus diferencias, como se ha visto en los desacuerdos sobre temas como la reforma de las instituciones financieras internacionales o el apoyo a regímenes o movimientos específicos, ha habido cierta coherencia en su compromiso conjunto para desafiar el orden mundial dominado por Occidente.

Desafíos y Divergencias

La cuestión de los derechos humanos y la democracia, a menudo abordada de manera dispar por los países BRICS, resalta las diversas filosofías de gobierno y valores políticos que existen dentro del grupo. Mientras que algunos países enfatizan fuertemente la soberanía y la no interferencia, otros exploran formas de conciliar el respeto por los derechos humanos universales con el deseo de mantener relaciones bilaterales estables.

Comercio, Economía y Rivalidades

En cuanto al comercio y la economía, las BRICS buscan articular una visión compartida de desarrollo sostenible y crecimiento inclusivo, al tiempo que navegan entre la rivalidad y la competencia, tanto dentro del grupo como con actores externos. Por ejemplo, las tensiones comerciales entre India y China o la competencia en el sector energético entre Rusia y Brasil ofrecen una visión de las complejidades y desafíos inherentes en la gestión de las relaciones entre países con ambiciones globales y regionales.

Seguridad y Paz Global

En el contexto de la seguridad y la paz globales, las BRICS han demostrado una combinación de cooperación y desacuerdo. Por ejemplo, aunque ha habido cierta coherencia en respaldar el principio de no interferencia en los asuntos internos de los Estados, las BRICS han mostrado divergencias en cuestiones como la crisis en Siria o el tema nuclear iraní, reflejando las diversas preocupaciones de seguridad y los objetivos estratégicos de los miembros individuales.

En resumen, las BRICS como coalición continúan explorando formas de integración más profunda y la promoción de sus objetivos comunes en el escenario mundial, a pesar de las tensiones y desafíos que surgen de sus realidades políticas únicas y de las divergencias en valores e intereses nacionales. Su trayectoria futura seguirá oscilando entre la cooperación y la competencia, ofreciendo una visión fascinante y compleja de la geopolítica mundial. En el tejido de las políticas BRICS, los temas de justicia social, innovación y sostenibilidad emergen como denominadores comunes que capturan la atención a nivel nacional e internacional. Al profundizar en este intrincado tejido, podemos descubrir matices adicionales que reflejan cómo estas naciones abordan los desafíos y oportunidades emergentes del orden mundial contemporáneo. Por ejemplo, el impacto de la digitalización y las nuevas tecnologías es evidente en toda la coalición. China ha impulsado fuertemente el liderazgo en tecnología, explorando el terreno de la moneda digital y tratando de establecer nuevos estándares para el futuro de Internet. Por otro lado, India ha utilizado la innovación digital para abordar desafíos nacionales como la inclusión financiera y el acceso a servicios de salud, buscando equilibrar la innovación con cuestiones de privacidad y seguridad de datos. La forma en que las BRICS navegan a través de las aguas de la globalización y el nacionalismo económico es otro aspecto intrigante. Mientras que Brasil, por ejemplo, tiene un historial de oscilación entre políticas abiertas y estrategias más proteccionistas, Rusia ha equilibrado su deseo de atraer inversión extranjera con la necesidad de proteger sus sectores clave. Mientras tanto, Sudáfrica ha buscado equilibrar la necesidad de inversión extranjera con el imperativo de promover el desarrollo local y la emancipación económica de la población negra.

Desafíos Climáticos y Políticas de las BRICS

Los desafíos climáticos representan otro prisma a través del cual explorar las políticas de las BRICS. El imperativo global de abordar el cambio climático lleva a estas naciones a equilibrar la necesidad de crecimiento económico con la presión de adoptar medidas sostenibles. Por ejemplo, mientras China ha anunciado planes ambiciosos para lograr la neutralidad de carbono para el año 2060, todavía debe equilibrar este objetivo con su dependencia a corto plazo del carbón. Por otro lado, India está tratando de aprovechar su abundancia de sol para convertirse en líder en energía solar, aunque se enfrenta a desafíos en cuanto al acceso a la energía y la seguridad.

Gobernanza Global y Reforma de Instituciones Internacionales

Además, el tema de la gobernanza global y el papel de las BRICS en la formación de instituciones internacionales proporcionan una nueva perspectiva sobre su política. El deseo de reformar instituciones como el Fondo Monetario Internacional y el Banco Mundial, así como las Naciones Unidas, refleja la aspiración de las BRICS de moldear un orden mundial que refleje mejor sus intereses y los de otros países en desarrollo. La creación del Banco de Desarrollo del BRICS es un paso en esta dirección, aunque queda por ver cómo se desarrollarán esta y otras iniciativas similares en el futuro.

Interacción con Otros Actores Globales

La interacción entre las BRICS y otras naciones y bloques, como la Unión Europea y los Estados Unidos, agrega una capa adicional a su política. Si bien la interacción con estos actores ha abarcado tanto la colaboración como la competencia, la dinámica subraya el deseo de las BRICS de ser reconocidas como actores clave en el escenario mundial, capaces de dar forma e influir en las dinámicas globales de manera significativa.

Seguridad y Desafíos en la Política Global

En el contexto de la seguridad, las BRICS han abordado una serie de problemas, incluidos los desafíos relacionados con el terrorismo, la piratería marítima y la ciberseguridad, tratando de coordinar respuestas mientras navegan por sus divergencias. La gestión de la amenaza del terrorismo, en particular, ha requerido equilibrar las preocupaciones de seguridad con las de los derechos humanos y la justicia social.

Diversidad Política y Diplomática de las BRICS

Por lo tanto, las políticas de las BRICS están inmersas en un panorama rico y diverso, entrelazado por hilos de cooperación, competencia y conflicto. Explorar las diversas facetas de estas políticas no solo proporciona una visión de su dinámica interna, sino que también ofrece valiosas ideas sobre sus aspiraciones, preocupaciones y estrategias en el contexto global más amplio.

Influencia a Través del Soft Power y Relaciones Culturales

El análisis de la proyección de las BRICS en el escenario global se enriquece aún más al considerar el tema del soft power y el ámbito de las relaciones culturales y sociales entre estos países y el resto del mundo. La promoción de la cultura, los valores y los símbolos nacionales, y cómo influyen en las relaciones internacionales entre las BRICS y otros países, se convierte en un área significativa de exploración.

Por ejemplo, China, con su ambicioso proyecto de la "Iniciativa Belt and Road", no solo busca expandir su influencia económica, sino también aumentar su soft power en Asia, África y Europa, utilizando herramientas como inversiones en infraestructura, comercio y también intercambios culturales y educativos. India, a través de su política "Act East" y el apoyo a la diáspora india a nivel global, se compromete activamente a forjar lazos no solo basados en intereses económicos o estratégicos, sino también culturales y sociales.

Dinámica de Relaciones Intra-BRICS y Percepciones de Liderazgo

Además, la dinámica de las relaciones intra-BRICS ofrece una ventana a través de la cual se puede explorar cómo estas naciones gestionan sus diferencias y aprovechan las áreas de convergencia. Por ejemplo, aunque China e India tienen diversas cuestiones pendientes, incluidas las relacionadas con las fronteras, buscan áreas de cooperación en foros multilaterales, incluida la propia plataforma BRICS. Esta coexistencia de contrastes y colaboración es un tema recurrente dentro de las BRICS, que experimentan fricciones frecuentes, por ejemplo, en cuestiones relacionadas con impuestos y comercio, pero encuentran terreno común en temas como la reforma de instituciones financieras internacionales o la lucha contra el cambio climático.

Roles y Acciones en la Política Global y de Seguridad

El concepto de liderazgo dentro de las BRICS es de particular interés. La forma en que cada país percibe su propio papel y contribución dentro del grupo y hacia el exterior varía considerablemente. Mientras que China puede verse a sí misma como el líder natural de las

BRICS, dada su magnitud económica y su peso global, India, Brasil, Rusia y Sudáfrica también aportan sus propias aspiraciones y visiones de liderazgo regional y global, a veces en conflicto con la agenda china.

En el contexto de la política global y la seguridad, las BRICS buscan delinear una narrativa conjunta, aunque sus acciones y posiciones específicas pueden divergir. Su oposición común a lo que perciben como un orden mundial unilateral dominado por Estados Unidos los une, pero sus intereses geopolíticos y geoeconómicos específicos también pueden dividirlos, como se ha visto en sus enfoques de crisis globales y regionales.

La influencia de las BRICS en la resolución o mitigación de conflictos regionales es otro aspecto crucial a explorar. Si tomamos como ejemplo el papel de Rusia en Siria o el de China en relación con Corea del Norte, vemos un panorama de naciones que buscan equilibrar sus intereses estratégicos con la necesidad de proyectar una imagen de responsabilidad y liderazgo a nivel global. Del mismo modo, el enfoque de India y Sudáfrica hacia cuestiones de paz y seguridad en su vecindario refleja una combinación de preocupaciones de seguridad, intereses económicos y el deseo de proyectar influencia y liderazgo.

El Futuro de las BRICS en un Mundo Cambiante

Por último, la pregunta sobre el futuro que espera a las BRICS en un mundo en constante evolución, caracterizado por crecientes desafíos como la rivalidad entre superpotencias, crisis globales y un cambio sistémico, ofrece más perspectivas para explorar cómo evolucionarán las políticas internas y externas de estas naciones en el futuro. ¿Podrán superar sus diferencias y forjar una coalición más unida e influyente? ¿O las divergencias internas y los desafíos externos limitarán su impacto y coherencia en el escenario mundial? Navegar por estas cuestiones ofrece un viaje intrigante a través de las complejidades y contradicciones de las BRICS en el mundo contemporáneo.

Gestión de la Desigualdad y Cohesión Social

Otra dimensión interesante en el análisis de las políticas de las BRICS se refiere a la gestión de la desigualdad y la cohesión social dentro de estos países. A pesar de haber logrado avances económicos significativos en las últimas décadas, las naciones BRICS siguen luchando contra agudas disparidades económicas, problemas de corrupción y desafíos relacionados con los derechos humanos.

La cuestión de la desigualdad se manifiesta a través de diversos prismas. En Brasil, por ejemplo, las disparidades económicas y sociales están estrechamente vinculadas a cuestiones de raza y género, y el país enfrenta regularmente tensiones relacionadas con estas diferenciaciones socioeconómicas. En Sudáfrica, las sombras del apartheid continúan reflejándose en las disparidades económicas y las tensiones sociales, con problemas persistentes en cuanto al acceso a oportunidades económicas y servicios esenciales entre diferentes comunidades.

La Política en la Era Digital

Es fundamental considerar también la evolución de las BRICS en la era digital, ya que la tecnología se convierte en un campo cada vez más crítico para determinar el poder y la influencia globales. Cada país BRICS está navegando por sus propios desafíos y oportunidades en este ámbito. Por ejemplo, mientras que India y China han logrado avances significativos en el sector tecnológico, convirtiéndose en líderes en segmentos específicos como el comercio electrónico y las tecnologías móviles, enfrentan desafíos como la regulación del sector tecnológico, cuestiones de privacidad de datos y ciberseguridad, y la brecha digital interna.

Conclusiones

Un análisis profundo de las BRICS nos lleva a través de un caleidoscopio de desafíos y estrategias políticas, navegando entre el deseo de estabilidad interna, crecimiento económico y una presencia influyente en el escenario mundial. Cada nación, aunque comparte ciertas aspiraciones comunes, persigue sus objetivos únicos a través de una variedad de métodos y políticas, a menudo creando un conjunto de prácticas tan armónicas como contradictorias. Los desafíos del futuro, incluidos los cambios globales, nuevas dinámicas de poder y desafíos internos, proporcionarán facetas y direcciones adicionales para la acción política de las BRICS, ofreciendo constantemente nuevos terrenos y escenarios para el análisis y la comprensión de estas potencias emergentes.

En resumen, las BRICS, a pesar de las considerables divergencias en términos de estructura política, gobernanza y enfoques de los problemas globales, han sido capaces de mantener un frente unido en diversas áreas estratégicas, principalmente relacionadas con la economía y el desarrollo. Su cooperación, destacada a través de una serie de cumbres e iniciativas conjuntas, refleja una comprensión mutua de la importancia de dar forma a un orden mundial que represente sus aspiraciones e intereses.

La política interna de cada país BRICS refleja una compleja trama de aspiraciones de desarrollo, búsqueda de estabilidad y gestión de diversos desafíos socioeconómicos y culturales. La estabilidad política a menudo se equilibra con cuestiones urgentes como la desigualdad, la corrupción y la presión para la democratización en algunas naciones. Cada estado BRICS, con sus propias sutilezas y contextos, busca navegar a través de estos desafíos moldeando políticas que puedan reflejar tanto las aspiraciones internas como las de la coalición.

A nivel externo, las BRICS buscan posicionarse como actores clave en un orden mundial que está experimentando transformaciones significativas. El ascenso de China como superpotencia global, la creciente influencia de India en el Asia Meridional, el papel de Rusia en cuestiones de seguridad europea y de Oriente Medio, y el compromiso de Brasil y Sudáfrica en sus respectivas regiones, son ejemplos de cómo estas naciones están tratando de dar forma a las dinámicas globales y regionales.

Sin embargo, el camino futuro de las BRICS no está libre de incertidumbres y desafíos. La solidez de la cooperación entre sus miembros, la capacidad para navegar a través de crecientes rivalidades (por ejemplo, entre China e India) y su habilidad para representar un frente unido en las discusiones globales serán cruciales para determinar el impacto futuro del bloque. Además, cuestiones como la gobernanza global de la tecnología y el medio ambiente, así como la gestión de nuevos desafíos económicos como la digitalización y la automatización, son elementos que requerirán una visión y estrategia compartidas entre las BRICS.

Además, la forma en que las BRICS negocien su relación con las potencias existentes, en particular los Estados Unidos y la Unión Europea, y con otros países emergentes, contribuirá significativamente a definir no solo las trayectorias de desarrollo de estos países, sino también la estructura del futuro orden mundial. La eficacia del bloque en equilibrar aspiraciones, conflictos y cooperación será un factor clave para determinar su papel e impacto en el panorama global en los próximos años.

Por lo tanto, la observación de las BRICS, a través del prisma de la política interna y externa, no solo ofrece ideas sobre cómo estas naciones están navegando en una época de cambios globales significativos, sino también sobre cómo están tratando de definir y dar forma a estos cambios según sus propias visiones e intereses. Se vislumbra, por lo tanto, un futuro en el que el bloque BRICS seguirá desempeñando un papel clave, atravesando e influyendo en las numerosas facetas del dinámico tablero internacional.

4. Relaciones Internacionales • Análisis de las relaciones entre las BRICS y otros actores globales.

7. **Relaciones Internacionales y las BRICS**
   Explorar las relaciones internacionales de las BRICS es fundamental, no solo observando las interacciones entre los miembros del grupo, sino también cómo el bloque y las naciones individuales se relacionan con otros actores globales y regionales.

8. **Relaciones Intra-BRICS:** • A pesar de diversos desafíos y tensiones, como las disputas territoriales entre India y China, las BRICS han mantenido una frente relativamente unida en varios foros internacionales, destacando la cooperación en el ámbito económico y el desarrollo sostenible. • La plataforma BRICS se ha utilizado para explorar y establecer mecanismos financieros alternativos, como el Nuevo Banco de Desarrollo, que tiene como objetivo proporcionar recursos financieros para proyectos de infraestructura y desarrollo sostenible entre los países miembros y otros emergentes.

9. **Relaciones con el G7 y Occidente:** • Las BRICS a menudo se presentan como una voz

alternativa a la de los países más industrializados representados por el G7. • Los países BRICS buscan equilibrar su relación con las naciones occidentales, tratando de abrir espacios para la cooperación económica y al mismo tiempo expresando desacuerdos sobre cuestiones como las normas comerciales globales y la gobernanza internacional.

10. **Influencia Regional:** • Países como Brasil y Sudáfrica desempeñan roles significativos en sus respectivas regiones (América Latina y África Subsahariana, respectivamente) y a menudo actúan como puentes entre las BRICS y sus regiones. • Rusia y China, con su considerable influencia política y militar, han desarrollado redes de alianzas y cooperación no solo entre ellos, sino también con países de Oriente Medio, Asia Central y Asia del Sur.

11. **Relación con los Países en Desarrollo:** • Las BRICS a menudo se presentan como representantes de los intereses de los países en desarrollo, enfatizando temas como la justicia económica global, la deuda y el comercio. • En muchas ocasiones, estas naciones han buscado proporcionar asistencia al desarrollo y apoyo económico a otros países emergentes, cultivando

alianzas y respaldando temas de interés común
en los foros internacionales.

12. **Competencia y Colaboración:** • A pesar de
mantener cierta cohesión como bloque, los países
BRICS también compiten entre sí en varios
ámbitos, como la atracción de inversiones
extranjeras, el dominio de mercados globales
específicos y el liderazgo en cuestiones globales. •
En términos de seguridad, existen diferencias y
coincidencias de intereses, como se evidencia en
las relaciones sino-indias y ruso-chinas, que
navegan entre alianzas estratégicas y tensiones
regionales.

13. **Problemas Globales y Gobernanza:** • Las
BRICS han buscado ejercer influencia en
cuestiones de gobernanza global, como el cambio
climático, la seguridad internacional y la salud
global. • El papel de las BRICS en las futuras
dinámicas de la política climática global,
especialmente teniendo en cuenta la creciente
presión para acciones climáticas ambiciosas, será
esencial, dado que países como China e India se
encuentran entre los principales emisores de
gases de efecto invernadero.

14. En resumen, las BRICS navegan en una compleja
red de relaciones internacionales, gestionando
tensiones internas y buscando ejercer influencia

tanto de manera colectiva como individual en el ámbito global. La coherencia y efectividad de sus políticas exteriores, así como la forma en que equilibren los intereses nacionales con los compromisos globales y regionales, serán cruciales en la evolución de las dinámicas geopolíticas globales en los próximos años. Observar cómo los diversos países BRICS manejan estos equilibrios y sus ambiciones será crucial para comprender las trayectorias futuras del orden mundial.

15. Al examinar más a fondo las relaciones internacionales entre las naciones BRICS y otros actores globales, es crucial delinear cómo se han desarrollado las relaciones diplomáticas, económicas y estratégicas y cómo estas pueden moldear los eventos futuros a nivel internacional.

16. Medio Ambiente y Sostenibilidad:

- Los desafíos relacionados con el cambio climático, la biodiversidad y la sostenibilidad ambiental son centrales en las agendas internacionales, y las BRICS desempeñan un papel significativo al ser tanto grandes emisores como países clave en la protección de la biodiversidad.

- La gobernanza ambiental global, los compromisos entre desarrollo y sostenibilidad, y las tensiones inherentes relacionadas con la equidad en el contexto de la acción climática y la protección del medio ambiente surgen como temas clave en las relaciones exteriores de las BRICS.

17. Desarrollo Sostenible:

- Las naciones BRICS, con su considerable peso demográfico y económico, tienen un impacto significativo en el progreso global hacia los Objetivos de Desarrollo Sostenible de las Naciones Unidas.

- Las políticas de desarrollo sostenible de las BRICS y su papel en el desarrollo Sur-Sur representan un aspecto esencial de sus relaciones internacionales, mientras buscan dar forma a la agenda global de desarrollo de manera que refleje sus intereses y prioridades.

18. Diplomacia Cultural y Personas a Personas:

- La diplomacia cultural y los lazos "people-to-people" son elementos cruciales para fortalecer la cohesión intra-BRICS y mejorar la percepción y la influencia del bloque a nivel global.

- Iniciativas como foros académicos, culturales e intercambios entre jóvenes son herramientas vitales para construir puentes y promover la comprensión mutua entre las sociedades de las BRICS y más allá.

A medida que las BRICS continúan su camino para afirmar y consolidar su influencia en el panorama internacional, la gestión de estas dinámicas múltiples y complejas de las relaciones exteriores será crucial. La forma en que las BRICS naveguen a través de estas diversas esferas y cómo equilibren la cooperación y la competencia, la convergencia y la divergencia, dentro del bloque y en sus relaciones globales, seguirá siendo fundamental en la definición de las futuras trayectorias geopolíticas y geoeconómicas. La exploración de las relaciones internacionales de las naciones BRICS continúa sumergiéndonos más profundamente en las dinámicas geopolíticas y diplomáticas.

14. Dinámicas de Poder y Competencia:

- La competencia entre las BRICS y las potencias occidentales, especialmente con los Estados Unidos y la Unión Europea, configura una nueva geografía del poder global. El creciente poder de las BRICS en el escenario mundial a menudo se percibe como un desafío al orden liberal liderado por Occidente.

- La creciente rivalidad estratégica, por ejemplo, en el contexto de la tecnología 5G, donde China emerge como líder mundial, afecta a la seguridad global y a las alianzas internacionales, con

implicaciones para la soberanía digital y la
ciberseguridad.

15. Diplomacia Multilateral:

• El compromiso de las BRICS en plataformas
multilaterales como el G20, la Organización
Mundial del Comercio y varias agencias de la
ONU ilustra su aspiración de dar forma a
normativas y acuerdos internacionales.

• La capacidad de las BRICS para trabajar de
manera cohesiva y presentar frentes unidos o
posiciones coordinadas en foros multilaterales
tiene el potencial de fortalecer su influencia
colectiva en la arquitectura de la gobernanza
global.

16. Defensa y Estrategias Militares:

• Los armamentos y las capacidades militares de
las BRICS, especialmente de Rusia y China, son
temas esenciales en su proyección de poder a
nivel global y en sus relaciones con otras
naciones.

• La cooperación en el ámbito de la defensa, a
través de ejercicios militares conjuntos y diálogos
sobre seguridad, fortalece los lazos intra-BRICS y
ayuda a coordinar posiciones sobre cuestiones de
seguridad regional y global.

17. Derechos Humanos y Democracia:

- La cuestión de los derechos humanos y la promoción de la democracia desempeñan un papel en las relaciones exteriores de las BRICS, ya que su perspectiva a menudo contrasta con el enfoque occidental.

- Las tensiones relacionadas con los derechos humanos y la gobernanza democrática, como se evidencia en críticas y sanciones internacionales, representan una dimensión crucial en las relaciones internacionales de las BRICS, influyendo en su imagen y poder blando a nivel global.

18. Epidemias y Salud Global:

- La pandemia de COVID-19 ha subrayado la importancia de la cooperación y coordinación internacionales en el campo de la salud global, destacando sinergias y tensiones entre las BRICS y otros actores globales.

- El acceso a las vacunas, las respuestas a emergencias sanitarias globales y la cooperación en el ámbito de la salud pública entran en el contexto más amplio de las relaciones internacionales de las BRICS, influenciando la percepción de su liderazgo y solidaridad a nivel global.

19. Energía y Recursos Naturales:

- La seguridad energética y el acceso a los recursos naturales son temas clave, con las BRICS desempeñando un papel fundamental en los mercados energéticos globales y en las dinámicas relacionadas con los recursos.

- Las estrategias de seguridad energética, las inversiones en energías renovables y las políticas relacionadas con el cambio climático son factores que influyen en las relaciones bilaterales y multilaterales entre las BRICS y otros actores globales.

20. Migraciones y Refugiados:

- Los flujos migratorios y las crisis de refugiados representan un desafío y una oportunidad para las naciones BRICS tanto internamente como en sus relaciones exteriores.

- Las políticas migratorias, la integración de migrantes y refugiados, y la colaboración internacional en cuestiones de migración tienen implicaciones para la estabilidad social, el crecimiento económico y la cooperación internacional entre las BRICS y más allá.

La gestión y navegación a través de estas áreas clave y la continua evolución de las relaciones internacionales

entre las naciones BRICS y otros actores globales
ofrecen una visión compleja y multidimensional. El
impacto de estos factores y su interconexión generan
un mosaico de cooperación y conflicto, sinergias y
tensiones que las BRICS deben equilibrar para
mantener y construir su influencia y liderazgo a nivel
global.

21. Tecnología y Ciberseguridad:

- Las naciones BRICS desempeñan un papel
  central en el desarrollo tecnológico y la
  ciberseguridad a nivel mundial, explorando
  diversos escenarios de cooperación y
  competencia. China, por ejemplo, ha estado a la
  vanguardia en la implementación de tecnología
  5G, mientras que India ha dado grandes pasos en
  TI y servicios de software.

- Los problemas relacionados con la
  ciberseguridad, como los ciberataques, el
  espionaje cibernético y la protección de datos,
  afectan no solo a las relaciones intra-BRICS, sino
  también a las dinámicas con otros actores
  globales, generando nuevos desafíos en la
  diplomacia digital y la seguridad global.

22. Inversiones y Comercio:

- Las relaciones comerciales entre las naciones
  BRICS y el resto del mundo son complejas y

multifacéticas. Mientras existen considerables
flujos de inversión y comercio dentro del bloque,
las tensiones comerciales, como las de China y
Estados Unidos, delinean un entorno global
competitivo.

- La "Ruta de la Seda" china, las iniciativas de
  inversión en África y la integración regional en
  América Latina y Asia son ejemplos de la
  profundidad y complejidad de las dinámicas
  comerciales e de inversión que caracterizan a las
  BRICS en el contexto global.

23. Medio Ambiente y Cambio Climático:

- Las políticas ambientales y las respuestas al
  cambio climático de las naciones BRICS tienen
  un impacto significativo a nivel global, dadas sus
  dimensiones y peso económico. China e India, en
  particular, se encuentran entre los principales
  emisores de gases de efecto invernadero, y sus
  políticas energéticas y ambientales están bajo el
  escrutinio internacional.

- La participación de las BRICS en acuerdos
  internacionales sobre el clima, como el Acuerdo
  de París, y sus estrategias nacionales para la
  transición energética y la protección de la
  biodiversidad, conforman una dimensión
  importante de sus relaciones exteriores y su
  impacto global.

24. Terrorismo y Seguridad:

- La amenaza del terrorismo y el extremismo violento atraviesa las relaciones internacionales de las BRICS. La cooperación en materia de lucha contra el terrorismo, el intercambio de información de inteligencia y la coordinación en foros internacionales son fundamentales para abordar las amenazas transversales a la seguridad.

- Desde la insurgencia en varias regiones africanas hasta la tensión en Cachemira y las cuestiones chechenas en Rusia, el tema del terrorismo tiene implicaciones tanto a nivel nacional como internacional para las BRICS, influyendo en su diplomacia y políticas de seguridad.

25. Cooperación Científica e Investigación:

- La cooperación en el ámbito científico y de investigación entre las BRICS y con otros socios internacionales es fundamental para el avance tecnológico y el desarrollo sostenible. La colaboración en misiones espaciales, investigación médica e inteligencia artificial abre nuevos horizontes de asociación y competencia.

- La diplomacia científica y los intercambios académicos representan otra capa de las relaciones internacionales de las BRICS, donde la compartición y competencia por el conocimiento, innovaciones y descubrimientos científicos moldean las interacciones e influyen en las dinámicas globales.

26. Cultura y Soft Power:

- La promoción de la cultura y el ejercicio del soft power a través de los medios, el arte, el deporte y la educación son estrategias clave utilizadas por las BRICS para construir su propia imagen e influencia a nivel global. Por ejemplo, la difusión de la cultura china a través de los Institutos Confucio en todo el mundo.

- La diplomacia cultural y la promoción del turismo entre las naciones BRICS y más allá contribuyen a construir puentes e influir en las percepciones mutuas, teniendo un impacto en los intercambios humanos y las relaciones internacionales.

Las relaciones internacionales de las BRICS se tejen a través de una compleja red de cooperación y competencia en varias áreas, incluyendo pero no limitándose a las enumeradas. La interacción entre estos factores y su impacto en las dinámicas globales ofrecen un terreno fértil para un análisis y discusión adicionales, explorando cómo las BRICS moldean y son moldeadas por el contexto internacional contemporáneo.

Continuando con el análisis de las relaciones internacionales de las naciones BRICS:

27. Diplomacia Multilateral:

- Las BRICS desempeñan un papel determinante en numerosos foros multilaterales como la ONU, el G20 y la OMC, influyendo en la normativa y gobernanza global. Su enfoque en la diplomacia multilateral a menudo alterna entre la colaboración y la contienda, dependiendo de los asuntos e intereses en juego.

- Su capacidad para dar forma al orden global es intrincada y diversa, dada la diversidad de los países miembros y sus respectivas agendas internacionales, con India impulsando la reforma del Consejo de Seguridad de la ONU, por ejemplo, y China fortaleciendo su papel en la OMC.

28. Energía y Recursos:

- Las BRICS son actores significativos en el panorama energético global, con Rusia siendo uno de los principales exportadores de gas natural y petróleo, y China uno de los mayores consumidores. Las dinámicas de los mercados energéticos, las rutas de los oleoductos y las políticas energéticas son todos componentes integrales de sus relaciones exteriores.

- Las inversiones en energías renovables, como la energía solar en India y proyectos eólicos en Brasil, además de la necesidad de garantizar el acceso a recursos clave como las tierras raras, son todos aspectos que impregnan la política exterior de las BRICS y afectan sus relaciones con otros países y bloques regionales.

29. Globalización vs. Nacionalismo:

- El equilibrio entre las tendencias hacia la globalización y los impulsos nacionalistas es otro elemento clave en la política exterior de las BRICS. Por ejemplo, mientras que China a menudo ha promovido una narrativa de globalización, en el contexto del nacionalismo económico, Rusia ha seguido una forma de nacionalismo político a nivel internacional.

- Esta dicotomía entre apertura e aislacionismo, cooperación y unilateralismo, afecta no solo a las políticas nacionales, sino también a las interacciones globales de las BRICS, a menudo creando escenarios complejos y contradictorios en sus relaciones internacionales.

27. Derechos Humanos y Democracia:

- Las BRICS presentan un panorama variado en lo que respecta al respeto de los derechos humanos y los principios democráticos. Mientras que países como Brasil y Sudáfrica tienen una historia de transición democrática, China y Rusia a menudo son criticadas por su enfoque autoritario.

- Las diferencias en los sistemas políticos y las normas de derechos humanos a menudo representan un obstáculo en las relaciones con otros países e influyen en la capacidad de las BRICS para presentarse como un frente unido en diferentes cuestiones internacionales.

28. Migración y Refugiados:

- Los flujos migratorios y las cuestiones relacionadas con los refugiados son temas críticos en las relaciones internacionales de las BRICS. India ha enfrentado desafíos significativos relacionados con las crisis de refugiados con países vecinos, mientras que Brasil ha presenciado flujos migratorios significativos desde Venezuela.

- La gestión de la migración, tanto a nivel nacional como internacional, y las respuestas a las crisis de refugiados abarcan varios aspectos de las políticas de las BRICS, incluyendo el desarrollo, la seguridad y las relaciones con países vecinos y la comunidad internacional.

Estos aspectos proporcionan una lente a través de la cual observar la complejidad de las relaciones internacionales de las BRICS, en las cuales las políticas nacionales, las tendencias globales y las especificidades regionales convergen en una matriz compleja y a menudo contradictoria. Navegar a través de estos temas y dinámicas diferentes, a veces conflictivas, ofrece un panorama rico y variado que requiere investigaciones adicionales y análisis detallados para comprender completamente el papel e impacto de las BRICS en el contexto global actual.

Conclusión sobre el Punto "Relaciones Internacionales y las BRICS":

Mientras las BRICS continúan emergiendo como poderes significativos en el escenario mundial, sus interrelaciones y relaciones con otros actores globales siguen siendo un conjunto multicapa de colaboración, competencia y, en ocasiones, conflicto. Sus trayectorias en términos de política exterior están fuertemente influenciadas por sus respectivas identidades nacionales, aspiraciones globales y la dinámica geopolítica y geo-económica contemporánea.

En un mundo que está evolucionando rápidamente y que está marcado por una creciente polarización y nuevos desafíos globales, como el cambio climático, las pandemias y las crisis de refugiados, la coalición de las BRICS encarna una realidad única, arraigada en sus propias contradicciones y disparidades internas, pero al mismo tiempo llena de potencial para dar forma al futuro del orden mundial.

• Rol en las Organizaciones Internacionales:

- Las BRICS, a pesar de mantener una actitud crítica hacia el orden internacional existente y sus instituciones, están profundamente involucradas en las dinámicas de las principales organizaciones mundiales y regionales, contribuyendo activamente a la creación de normas globales y al desarrollo de nuevas plataformas y foros multilaterales.

- Recursos Naturales y Sostenibilidad:

- Las cuestiones relacionadas con el acceso y la gestión de los recursos naturales, así como los desafíos relacionados con la sostenibilidad y el cambio climático, no solo moldean las políticas nacionales de las BRICS, sino que también influyen en su interacción con el resto del mundo, promoviendo un diálogo entre el desarrollo económico, la seguridad energética y la sostenibilidad ambiental.

- Gobernanza Global y "Soft Power":

- En términos de gobernanza global y ejercicio del "soft power", las BRICS se presentan como una alternativa, proponiendo modelos y prácticas que reflejan sus experiencias y visiones específicas, afirmando así una pluralidad de voces y opciones políticas y económicas en el escenario mundial.

- Tecnología y Ciberseguridad:

- La creciente relevancia de los temas relacionados con la tecnología, la digitalización y la ciberseguridad resalta la importancia estratégica de la innovación y la seguridad cibernética en las relaciones internacionales de las BRICS, con implicaciones que van desde el desarrollo económico hasta la seguridad nacional y la protección de los derechos humanos.

- Cooperación vs. Divergencias:

- A pesar de estar unidas por un interés común en revisar el orden global, las divergencias internas en cuestiones clave como la democracia, la gobernanza y las alianzas estratégicas globales representan un punto crítico, que podría debilitar tanto la unidad del bloque como generar nuevas formas de colaboración y sinergia entre los miembros.

El panorama de las relaciones internacionales de las BRICS se presenta, por lo tanto, como un tejido intrincado, donde las ambiciones de liderazgo global se mezclan con una gestión pragmática de los desafíos y oportunidades emergentes. El camino hacia un orden mundial más justo y equilibrado, que tenga en cuenta las voces y los intereses de una gama más amplia de actores, inevitablemente pasa por una comprensión más profunda y matizada de estos actores emergentes y su impacto en los mecanismos de la política global.

En este sentido, un análisis más detallado e inclusivo de las relaciones internacionales de las BRICS requiere un enfoque que vaya más allá de la simple dinámica del poder y que considere una pluralidad de factores y dimensiones, incluyendo las aspiraciones de la sociedad civil, las dinámicas regionales y el papel de las normas e ideas en la configuración de las políticas exteriores y las interacciones globales.

5. Nuevo Orden Mundial • Definición y Conceptos Clave del Nuevo Orden Mundial.

El concepto de "Nuevo Orden Mundial" es extremadamente amplio y puede ser analizado desde múltiples perspectivas. En términos generales, se refiere a una fase o visión de un sistema internacional renovado, caracterizado por dinámicas, reglas y actores diferentes a los tradicionales. Aquí hay algunos puntos clave que pueden servir como puntos de profundización y discusión sobre este tema:

1. **Definiciones e Interpretaciones:**

  - Comprender varias definiciones e
    interpretaciones del "Nuevo Orden
    Mundial" desde diferentes enfoques y
    teorías internacionales.

  - Analizar los cambios posteriores a la
    Guerra Fría, el declive del bipolarismo y la
    creciente multipolaridad como contexto
    para la aparición de nuevos actores y
    dinámicas en el escenario internacional.

2. **Polaridad del Poder Global:**

  - Analizar el cambio de un orden
    unipolar/multipolar a escenarios
    alternativos y lo que esto implica en
    términos de equilibrio de poder global.

  - Examinar el papel de Estados Unidos,
    China y otros centros de poder emergentes
    en la configuración de la nueva
    arquitectura global.

3. **Instituciones y Gobernanza Global:**

  - Explorar el papel de las instituciones
    existentes (como la ONU, el FMI y el Banco
    Mundial) y si y cómo se adaptan a los
    cambios en las dinámicas globales.

- Evaluar la aparición de nuevas instituciones y plataformas multilaterales, como BRICS, y su impacto en la gobernanza global.

4. **Economía y Globalización:**

- Evaluar cómo las tendencias de la globalización y el surgimiento de nuevos actores económicos han contribuido a reconfigurar la economía mundial.

- Analizar cómo el nuevo orden mundial aborda cuestiones como la desigualdad, el acceso a los recursos y la gestión de crisis económicas.

5. **Seguridad y Conflictos:**

- Examinar cómo se abordan las cuestiones de seguridad en este nuevo contexto: amenazas no tradicionales, guerras asimétricas, terrorismo, ciberseguridad, etc.

- Investigar los conflictos y tensiones existentes y potenciales entre varias potencias globales y regionales.

6. **Tecnología e Información:**

- Analizar el papel de las nuevas tecnologías y los medios digitales en la formación de la política, la economía y la sociedad a nivel mundial.

- Explorar cuestiones de ciberseguridad, espionaje industrial y guerra cibernética en el nuevo orden mundial.

7. Derechos Humanos y Democracia:

- Explorar el papel de la promoción de los derechos humanos y la democracia en el nuevo orden mundial.

- Analizar cómo diferentes regímenes políticos e ideologías coexisten e interactúan a nivel internacional.

8. Medio Ambiente y Sostenibilidad:

- Examinar cómo los desafíos ambientales, el cambio climático y las cuestiones de sostenibilidad se integran en las políticas globales.

- Analizar cómo las estrategias de desarrollo sostenible se entrelazan con las dinámicas económicas y políticas globales.

Estos temas son solo algunos de los aspectos cruciales para explorar la complejidad del concepto de "Nuevo

Orden Mundial". Cada punto podría desarrollarse aún más, incluyendo estudios de casos detallados, análisis comparativos e investigaciones teóricas para proporcionar una visión completa y multifacética del tema. Además, la interconexión entre estos diferentes temas requerirá un análisis que pueda captar la complejidad de las interdependencias globales en este emergente contexto internacional.

Aspectos Socio-Culturales e Ideológicos del Nuevo Orden Mundial

9. **Identidad y Nacionalismo:**

    - Explorar la interacción entre la globalización y las identidades nacionales, examinando cómo se manifiesta el nacionalismo en el contexto del nuevo orden mundial.

    - Analizar cómo las nuevas alianzas y los conflictos globales influyen en la construcción de identidades dentro de las naciones y cómo esto puede afectar a la geopolítica global.

10. **Movimientos Sociales:**

    - Evaluar el papel de los movimientos sociales globales, como los de justicia social, económica y

ambiental, en las dinámicas del nuevo orden
mundial.

- Explorar cómo estos movimientos pueden influir
en la política internacional y en qué plataformas
globales operan.

11. **Cultura y Soft Power:**

- Profundizar en el concepto de "soft power" y
cómo la cultura y los valores son utilizados por
los estados y las entidades no estatales para
ejercer influencia a nivel global.

- Investigar las implicaciones de la difusión
cultural y la competencia entre diferentes
"culturas" o "civilizaciones" en el nuevo contexto
global.

12. **Religión y Geopolítica:**

- Analizar el papel de las religiones y las
identidades religiosas en la formación de las
dinámicas internacionales, incluyendo conflictos,
alianzas y políticas exteriores.

- Explorar la tensión entre principios seculares y
religiosos en la gobernanza global y local.

Aspectos Legales y Normativos

13. **Derecho Internacional:**

- Evaluar cómo el derecho internacional se adapta e implementa en el nuevo orden mundial, considerando temas como la soberanía, el derecho humanitario y el derecho del mar.

- Examinar los mecanismos legales existentes y potenciales para la resolución de conflictos y la gestión de disputas internacionales.

14. **Normas y Estándares:**

- Analizar cómo se establecen, implementan y hacen cumplir las normas y estándares globales (por ejemplo, en derechos humanos, medio ambiente, tecnología, etc.).

- Explorar cómo las diferentes visiones y valores globales convergen en la creación de normas internacionales.

Aspectos de Salud y Científicos

15. **Salud Global:**

- Investigar cómo se gestionan cuestiones de salud global, como pandemias y salud pública, y cómo afectan a la estabilidad y la cooperación internacional.

- Analizar las implicaciones de las crisis de salud global en la política, la economía y la sociedad a nivel internacional.

16.**Ciencia e Innovación:**

- Examinar el papel de la ciencia y la innovación tecnológica en la formación del nuevo orden mundial, incluyendo cuestiones éticas, legales y sociales que surgen.

- Evaluar cómo la competencia y la colaboración científica y tecnológica se integran en las estrategias nacionales e internacionales.

Dinámicas Regionales y Subregionales

17. Integración Regional:

- Analizar las dinámicas e impactos de las formaciones e integraciones regionales (por ejemplo, la UE, la ASEAN, el MERCOSUR) dentro del contexto global más amplio.

- Examinar cómo estos bloques regionales influyen y son influenciados por el nuevo orden mundial.

18. Conflictos y Cooperación a Nivel Regional:

- Estudiar cómo se desarrollan los conflictos y la cooperación a nivel regional y subregional y cómo interactúan con las dinámicas globales.

- Evaluar las dinámicas entre las potencias regionales y los actores no estatales (como organizaciones terroristas o carteles de drogas) en la configuración del orden local y global.

Interconexiones y Resonancias Globales

19. Transnacionalismo:

- Explorar el papel de los actores transnacionales, como las multinacionales y las ONG, en la creación, influencia y desafío del orden global.

- Analizar cómo estas entidades cooperan y chocan con los estados y las instituciones internacionales.

20. Casus Belli y Pacificación:

- Investigar cómo cambian, persisten o evolucionan las causas de los conflictos en el nuevo orden mundial.

- Examinar los mecanismos y herramientas de pacificación y estabilización posteriores a los conflictos y cómo se aplican en diferentes contextos.

Cada uno de los temas mencionados anteriormente requiere un desarrollo en profundidad y una discusión crítica basada en teorías, datos empíricos, ejemplos concretos y análisis de escenarios. El potencial para explorar cada uno de estos temas es vasto y requerirá una investigación y análisis cuidadosos para proporcionar una comprensión clara y multidimensional del "Nuevo Orden Mundial".

El concepto de "Nuevo Orden Mundial" es intrincado y diverso, matizado por las diversas perspectivas geopolíticas y socioculturales que se entrelazan. En primer lugar, es fundamental examinar las concepciones ideológicas que delinean la idea del nuevo orden mundial: entender cómo diferentes actores, estados y no estados, lo perciben y cómo lo materializan en sus agendas políticas y estratégicas.

Uno de los aspectos clave que vale la pena explorar más a fondo se refiere al equilibrio de poder global. En un contexto en el que los equilibrios globales están cambiando, la aparición de las potencias BRICS (Brasil, Rusia, India, China, Sudáfrica) proporciona un punto focal interesante para analizar cómo las nuevas dinámicas de poder están redefiniendo las relaciones internacionales. La creciente influencia de estos países ha generado nuevas alianzas, no solo entre ellos, sino también con otras naciones emergentes, y ha estimulado nuevas dinámicas en las instituciones internacionales, como las Naciones Unidas, el Fondo Monetario Internacional y el Banco Mundial.

A un nivel más amplio, el nuevo orden mundial se puede ver a través del prisma de "Occidente versus el Resto". El término "Occidente" aquí puede entenderse como un constructo que representa no solo una ubicación geográfica, sino también un conjunto de valores, normas y sistemas políticos y económicos, que a menudo se ven en contraposición o competencia con otras "civilizaciones" o sistemas político-económicos. La creciente influencia de países como China, con su modelo de capitalismo autoritario, o Rusia, con su enfoque asertivo en la geopolítica, desafía la anterior predominancia de las naciones occidentales y sus ideologías liberales.

Un elemento adicional que merece exploración es el papel de las tecnologías emergentes y la innovación en la configuración del nuevo orden mundial. La carrera hacia el liderazgo tecnológico, en campos como la inteligencia artificial, la biotecnología y la tecnología espacial, es fundamental para ganar ventaja en términos de poder blando y duro en el escenario mundial. Las naciones BRICS, por ejemplo, están invirtiendo masivamente en estas áreas para asegurar un lugar en el futuro panorama geopolítico global.

Por otro lado, las cuestiones ambientales y climáticas ofrecen otra perspectiva a través de la cual observar las transformaciones del orden mundial. La creciente urgencia de los desafíos climáticos globales, unida a las ambiciones de desarrollo sostenible, da forma a nuevas alianzas y genera nuevos conflictos. La gestión de los recursos naturales, el acceso y control de estos, y las estrategias de mitigación y adaptación al cambio climático se convierten en dimensiones cruciales a través de las cuales las naciones buscan navegar y negociar su lugar en el sistema internacional.

Además, es fundamental observar cómo las identidades nacionales y las cuestiones relacionadas con la identidad influyen en la percepción y participación en el nuevo orden mundial. Las políticas internas, las orientaciones ideológicas y la construcción de la identidad nacional de un país contribuyen en gran medida a definir cómo se posiciona y interactúa con otros actores globales. Esto, a su vez, puede utilizarse para examinar cómo las naciones BRICS están utilizando su creciente influencia para redefinir las narrativas y estructuras del poder global.

El discurso sobre el nuevo orden mundial y el papel de las BRICS inevitablemente nos lleva a considerar el contexto socioeconómico globalizado y el sistema de gobernanza global. Un elemento crítico en esta perspectiva se refiere a cómo la globalización y sus dinámicas influyen tanto en las potencias establecidas como en las emergentes

Dimensiones Socio-Culturales del Nuevo Orden Mundial

Paralelamente, la dimensión socio-cultural del nuevo orden mundial es igualmente pervasiva y compleja. **Las naciones BRICS**, con sus identidades y culturas únicas, se relacionan con el sistema internacional no solo a través del prisma económico o político, sino también mediante la promoción y la interacción de sus culturas y valores. **La intersección**

entre geopolítica y cultura, que a menudo se manifiesta a través del **soft power**, es fundamental para comprender cómo se proyectan y perciben las identidades nacionales en el contexto internacional.

Seguridad en el Nuevo Orden Mundial

Otro punto destacado es la cuestión de la seguridad. El concepto de seguridad ha experimentado una evolución significativa, especialmente en relación con los desafíos planteados por el entorno digital y las nuevas dinámicas de poder. Mientras que los desafíos tradicionales de seguridad, como los conflictos territoriales y las rivalidades geopolíticas, siguen siendo relevantes, **nuevas cuestiones** como la ciberseguridad, la seguridad ambiental y la salud global han cobrado fuerza en la agenda internacional. **La reciente pandemia de COVID-19**, por ejemplo, ha destacado la vulnerabilidad del sistema global y la importancia de construir resiliencia y capacidad de respuesta a desafíos transversales e interconectados.

Legitimidad de las Instituciones Internacionales

También es **esencial explorar el tema** de la legitimidad y eficacia de las instituciones internacionales en el contexto del nuevo orden mundial. ¿Cómo perciben y se relacionan las BRICS con las instituciones internacionales existentes? ¿Cómo intentan reformarlas o crear nuevas para reflejar y respaldar sus intereses y visiones? Estos son aspectos clave que definen su estrategia para dar forma a un orden mundial que les sea favorable.

Desigualdades Globales

Finalmente, pero no menos importante, **las desigualdades globales**, tanto entre naciones como dentro de ellas, desempeñan un papel fundamental en la determinación de las dinámicas del nuevo orden mundial. ¿Cómo abordan las BRICS cuestiones de desigualdad y justicia social, tanto a nivel nacional como internacional? ¿Y cómo influyen estas dinámicas en su posición y estrategia en el contexto global? Sus políticas internas y externas reflejan y responden a estos problemas críticos, creando nuevas dinámicas y tensiones que merecen un análisis profundo en el contexto del nuevo orden mundial.

Cambio Climático y Sostenibilidad Ambiental

Profundizando aún más en el tema del nuevo orden mundial y la posición de las BRICS en él, es fundamental considerar el cambio climático y la sostenibilidad ambiental como factores decisivos para el desarrollo y la cooperación internacional. La forma en que estos países gestionan sus obligaciones ambientales y persiguen objetivos de sostenibilidad tiene repercusiones profundas en su interacción con la comunidad internacional y su perfil de liderazgo global.

El cambio climático, por ejemplo, es un campo que no solo involucra cuestiones ecológicas, sino también sociales, económicas y geopolíticas. Las implicaciones de las elecciones en términos de políticas energéticas, protección de la biodiversidad y gestión de los recursos naturales son aspectos importantes de la proyección internacional de las BRICS. La transición hacia fuentes de energía más limpias, la adaptación al cambio climático y la mitigación de sus efectos son cuestiones que intersectan varios sectores, creando nuevas oportunidades y desafíos para estos países.

Derechos Humanos y Democracia

Además, la cuestión de los derechos humanos y la gobernanza democrática es otro elemento a considerar en el discurso sobre las BRICS y el nuevo orden mundial. La protección de los derechos humanos y la promoción de la democracia son temas centrales en el debate internacional, y las BRICS, con sus realidades y enfoques diversos en cuanto a derechos civiles y políticos, contribuyen significativamente a definir y, en algunos casos, a rediseñar las narrativas y prácticas a nivel global. La forma en que abordan cuestiones como la libertad de expresión, los derechos de las minorías y la justicia social no solo afecta su posición y reputación internacional, sino que también define las dinámicas internas y externas y los equilibrios de poder.

Diplomacia de las BRICS y Cooperación en el Sur Global

También es relevante explorar cómo la diplomacia de las BRICS ha evolucionado en el contexto de las dinámicas Sur-Sur y en relación con los desafíos del desarrollo. Las relaciones de cooperación y competencia entre los países del Sur del mundo presentan dinámicas particulares que merecen ser analizadas para comprender cómo las BRICS navegan en este contexto y cómo buscan posicionarse como líderes en las dinámicas Sur-Sur. La asistencia para el desarrollo, las inversiones en infraestructura, la cooperación tecnológica y la solidaridad política son todos aspectos que caracterizan el papel de las BRICS en las relaciones Sur-Sur.

Además, la interacción de las BRICS con otras alianzas y bloques regionales e internacionales es esencial para comprender cómo se posicionan en el panorama global. La forma en que se relacionan con organizaciones como las Naciones Unidas, el Fondo Monetario Internacional, el Banco Mundial y otros bloques e iniciativas regionales (como la Unión Europea, la ASEAN, la CELAC, etc.) da forma al contexto en el que se desarrollan y se implementan sus estrategias y políticas.

Estos aspectos, junto con los discutidos previamente, contribuyen a dibujar un panorama complejo y multifacético del papel de las BRICS en el nuevo orden mundial. Cada dimensión explorada abre nuevas posibilidades de análisis y comprensión de las dinámicas que caracterizan el sistema internacional y las estrategias de sus actores principales.

Al explorar aún más el concepto del Nuevo Orden Mundial (NOM) y la posición de las BRICS en este contexto, emerge la necesidad de examinar un elemento clave: la geopolítica de las tecnologías emergentes y la innovación. La innovación tecnológica, especialmente en sectores como la inteligencia artificial, la biotecnología, las energías renovables y las tecnologías digitales, se está convirtiendo en un terreno crucial en el que se juega la competencia global. Las BRICS, que colectivamente poseen una gran capacidad en términos de recursos humanos, investigación científica y potencial de mercado, desempeñan un papel cada vez más prominente en este contexto.

El discurso en torno a la digitalización y la innovación tecnológica tiene profundas implicaciones para el orden global, sugiriendo incluso la emergencia de una "nueva carrera armamentística tecnológica" en la que las potencias globales y emergentes compiten por establecer normas, estándares y arquitecturas de gobernanza en el ciberespacio y las tecnologías emergentes. Las BRICS representan un bloque heterogéneo en este contexto, con miembros como

China que son líderes globales en diversos sectores tecnológicos, mientras que otros países miembros buscan navegar y afirmar sus intereses y valores en este entorno en rápida evolución.

Además, la evolución del concepto de seguridad, que ahora abarca no solo las amenazas militares tradicionales, sino también desafíos como las pandemias, la ciberseguridad y el cambio climático, exige una reconsideración de las estrategias y alianzas. A través de mecanismos como el Nuevo Banco de Desarrollo, las BRICS están buscando definir e implementar enfoques colaborativos y solidarios para abordar estas amenazas multidimensionales, reflejando sus aspiraciones y concepciones de un orden mundial más justo e inclusivo.

Otro aspecto clave es el concepto de multilateralismo y su evolución en el contexto actual. Las BRICS respaldan un multilateralismo que refleja mejor las realidades y equilibrios de poder del siglo XXI, uno que tiene en cuenta la creciente influencia de actores no occidentales y aspira a un sistema internacional más equilibrado y representativo. Esto implica no solo la participación activa en instituciones multilaterales existentes, sino también la creación y el apoyo a nuevas iniciativas y plataformas, como el ya mencionado Banco de Desarrollo BRICS y otras iniciativas multilaterales y plurilaterales.

La cultura y la sociedad son igualmente vitales para definir las posiciones globales de las BRICS y su papel en el nuevo orden mundial. Las dinámicas sociales, culturales y étnicas dentro de estos países y cómo interactúan con las políticas exteriores y globales, además de las interacciones entre la sociedad civil, el sector privado y el gobierno, son esenciales para comprender las motivaciones, estrategias y el impacto de las BRICS a nivel internacional. Las BRICS albergan ricas diversidades culturales y sociales, y sus identidades nacionales y narrativas están intrínsecamente vinculadas a su proyección externa y a su percepción e interacción con el orden global.

Finalmente, la ética y los valores que guían las políticas exteriores de las BRICS y su enfoque en la gobernanza global son críticos para descifrar su agenda y su trayectoria en el nuevo orden mundial. Siendo un bloque no homogéneo con diferentes sistemas políticos, valores y prioridades, las BRICS ofrecen un terreno fértil para explorar cómo diferentes conceptos de justicia, equidad, desarrollo y seguridad se traducen en políticas concretas y iniciativas de cooperación, y cómo se negocian y armonizan dentro del bloque.

Estos y muchos otros aspectos contribuyen a crear un mosaico complejo y matizado del papel de las BRICS en el contexto del nuevo orden mundial, requiriendo una evaluación profunda y multidimensional que tenga en cuenta las numerosas intersecciones e implicaciones de las diversas dinámicas en juego. El concepto del Nuevo Orden Mundial (NOM) está estrechamente vinculado al contexto geopolítico y socioeconómico global. Al examinar el papel de las BRICS en este panorama, es fundamental considerar cómo estos países interpretan e influyen en los cambios en curso y, en general, en la reestructuración de la escena internacional.

En este contexto, la importancia de las estrategias de soft power y la influencia cultural no puede subestimarse. Las BRICS, cada una con un patrimonio cultural distintivo y significativo, están utilizando cada vez más sus recursos culturales como herramientas para proyectar poder e influencia a nivel global. El cine, el arte, la música y otras formas de expresión cultural se convierten en vehículos a través de los cuales estos países comunican sus valores, historias y visiones del mundo, buscando así moldear la narrativa y las percepciones globales.

Cada miembro de las BRICS ha desarrollado, en diferentes medidas, estrategias de soft power para elevar su estatus y fortalecer sus agendas a nivel internacional. Por ejemplo, China ha ampliado su red de instituciones culturales y educativas globales, como los centros Confucio, promoviendo la lengua y la cultura china en todo el mundo. De manera similar, Brasil ha utilizado su carisma cultural y deportivo (piense en el fútbol y el carnaval) para fortalecer su marca a nivel internacional.

Al discutir el NOM, también es crucial considerar el concepto de "justicia global" y cómo las BRICS ven y navegan a través de este concepto en relación con sus intereses y objetivos nacionales. Los países BRICS a menudo han destacado la necesidad de un orden mundial más justo y equitativo que aborde las desigualdades estructurales y ofrezca oportunidades y voz a los países en desarrollo.

La cuestión del desarrollo sostenible es otro elemento clave en el análisis de las dinámicas entre las BRICS y el NOM. Las BRICS son centrales en los debates sobre el desarrollo sostenible debido a su significativo impacto ambiental y los desafíos que enfrentan en términos de desarrollo y crecimiento. La gestión de los recursos naturales, la transición energética y las políticas ambientales son temas críticos que estas economías emergentes deben abordar, tanto a nivel nacional como como parte de su agenda y responsabilidad internacional.

La diplomacia de las vacunas en el contexto de la pandemia de COVID-19 es otro ejemplo relevante de la posición de las BRICS en el nuevo orden mundial. La pandemia ha resaltado tanto las divisiones como las oportunidades para la cooperación internacional.

Países como China y Rusia han utilizado el suministro de vacunas como una herramienta de diplomacia, buscando aumentar su influencia y asociaciones a través de la distribución de vacunas en varias regiones del mundo.

También es fundamental explorar las dimensiones de seguridad y defensa en el contexto de las BRICS y el NOM. Cómo los países BRICS perciben y abordan las amenazas a la seguridad, tanto a nivel regional como global, y cómo coordinan y cooperan en estos asuntos, es vital para comprender sus roles e influencias en el panorama global.

Además, la naturaleza y las dinámicas de las coaliciones y alianzas internacionales son centrales para determinar las perspectivas futuras del NOM y la posición de las BRICS en su interior. En un mundo en el que las tensiones entre las principales potencias mundiales están aumentando, las alianzas y asociaciones se están redefiniendo y evolucionando.

Continuar explorando y examinar estos y otros temas proporcionará una comprensión profunda y matizada de cómo las BRICS navegan, moldean y son moldeadas por el contexto del nuevo orden mundial emergente.

El análisis de las BRICS y del Nuevo Orden Mundial (NOM) nos lleva a explorar otras facetas de la presencia e influencia de estos países en el escenario internacional. La tecnología, la ciberseguridad y la digitalización son aspectos cruciales a explorar cuando se trata de la postura de estas naciones dentro de la geometría global del poder.

El papel de las BRICS en la era digital es especialmente significativo en un mundo cada vez más interconectado. China, por ejemplo, se ha posicionado como una superpotencia digital, invirtiendo fuertemente en tecnologías como la inteligencia artificial, el 5G y la cadena de bloques. Su Iniciativa de la Franja y la Ruta Digital busca expandir su influencia digital a nivel mundial, conectando infraestructuras de telecomunicaciones, desarrollando proyectos de comercio electrónico y finanzas digitales, y promoviendo su visión del ciberespacio a nivel internacional.

India, con una población altamente conectada y un sector de tecnología de la información en rápido crecimiento, también es un actor importante en el ámbito digital. El país se enfrenta a desafíos y oportunidades derivados de ser una de las mayores democracias digitales, incluyendo cuestiones de privacidad de datos, gobernanza de internet y digitalización de la economía.

Rusia, con su experiencia en ciberseguridad y su activa presencia en el ciberespacio, desempeña un papel influyente en el panorama de la ciberseguridad global. Sus capacidades en inteligencia cibernética y defensa cibernética son relevantes cuando se trata de las dinámicas del NOM y las tensiones cibernéticas a nivel mundial.

Las criptomonedas y las finanzas digitales son otro tema importante que vincula a las BRICS con el NOM. China ha lanzado su propia moneda digital, mientras que otros países BRICS exploran activamente las oportunidades y desafíos de las tecnologías financieras digitales y las criptomonedas. La digitalización de las finanzas tiene el potencial de reestructurar la economía global, ofreciendo nuevos mecanismos para el comercio, la inversión y la gobernanza económica.

Las cuestiones relacionadas con la justicia social y la desigualdad también son cruciales cuando se trata de las BRICS y el NOM. Cada miembro de las BRICS enfrenta desafíos significativos relacionados con la desigualdad, tanto a nivel nacional como internacional. La lucha contra la pobreza, la promoción de la igualdad de género y el acceso a la educación y la salud son cuestiones que reflejan las agendas nacionales e influyen en las posturas internacionales de los países BRICS.

La cuestión del cambio climático es fundamental. Las BRICS, con India, China y Brasil entre los principales contaminantes del mundo, tienen un papel importante que desempeñar en la lucha global contra el cambio climático. Sus políticas energéticas, compromisos internacionales y estrategias de desarrollo sostenible son componentes vitales de sus presencias internacionales y de las dinámicas del NOM.

Las dinámicas demográficas y la gobernanza de los flujos migratorios son otros aspectos que vinculan a las BRICS con el NOM. La gestión de las migraciones, tanto internas como internacionales, y las políticas demográficas de los países BRICS tienen implicaciones para el trabajo, el desarrollo y la seguridad tanto a nivel nacional como global.

Las estrategias diplomáticas y el uso de la diplomacia pública y cultural por parte de las BRICS, sus narrativas nacionales y la imagen que proyectan a nivel internacional son vitales para comprender cómo estas naciones influencian y son influenciadas por el nuevo orden mundial emergente.

En este escenario complejo y multifacético, las BRICS continúan navegando, contribuyendo activamente a dar forma y ser moldeadas por las dinámicas y transformaciones del nuevo orden mundial. Continuar explorando estos y otros temas interconectados revela un cuadro complejo y matizado de la presencia de las BRICS en el contexto internacional actual y futuro.

Continuando con el análisis del Nuevo Orden Mundial (NOM) y las BRICS, la reflexión se centra especialmente en el ámbito de la seguridad internacional y la geopolítica. Las BRICS, debido a su

creciente influencia económica y política, se han
convertido en actores cada vez más fundamentales en
las dinámicas globales de poder, y su influencia se
extiende a cuestiones que van desde la seguridad hasta
la defensa, los derechos humanos y el cambio
climático.

El desafío a la gobernanza global representado por las
BRICS se destaca por sus intentos de equilibrar la
promoción de las normas e instituciones existentes con
la introducción de nuevas ideas y plataformas. Por
ejemplo, el Banco de Desarrollo de las BRICS
representa un intento de estas naciones de crear una
alternativa a las instituciones financieras
internacionales existentes, como el Fondo Monetario
Internacional y el Banco Mundial.

El concepto de soberanía, especialmente en el contexto
del ciberespacio y la tecnología de la información, es
fundamental cuando se trata de las BRICS y el NOM.
La creciente digitalización y la transición hacia una
economía global basada en el conocimiento están
llevando a la reformulación de normas, políticas y leyes
internacionales. Las BRICS, con sus diversas
capacidades y enfoques en tecnología digital y
ciberseguridad, tienen un impacto significativo en la
estructuración del ciberespacio global, con países como
China y Rusia promoviendo el concepto de "soberanía
digital".

Los conceptos de paz y seguridad también son esenciales para explorar la posición de las BRICS en el NOM. La percepción y proyección del poder militar, así como el enfoque en la resolución de conflictos y la mediación, destacan las filosofías fundamentales de estos estados en cuanto a seguridad internacional. La cooperación y la competencia en contextos como el Océano Índico y el Pacífico, además de los aspectos de seguridad energética, son áreas donde las políticas y estrategias de las BRICS tienen un profundo impacto en la geopolítica y las dinámicas de poder global.

El tema de las desigualdades globales, tanto entre los propios países BRICS como entre las BRICS y otras naciones, es otro aspecto crucial. El equilibrio entre el crecimiento económico y la sostenibilidad, la lucha contra la pobreza y la inclusión social, representa una dimensión fundamental de la presencia global de las BRICS. Cada miembro del grupo enfrenta desafíos específicos y diversos, pero la tensión entre la prosperidad y la igualdad es un tema común que atraviesa sus agendas nacionales e internacionales.

Los temas de innovación y desarrollo tecnológico son fundamentales para comprender cómo las BRICS están posicionándose en el escenario mundial. La competencia, pero también la colaboración en investigación y desarrollo, inteligencia artificial, biotecnología y otras áreas de innovación tecnológica, serán cruciales para determinar la influencia futura de estos países en el NOM.

La dimensión cultural y social es otro elemento clave cuando se examina el papel de las BRICS en el contexto global. La promoción de la cultura, valores y normas sociales a través de medios como la diplomacia cultural y las plataformas mediáticas es una parte esencial de la influencia internacional.

En cada contexto, los Estados BRICS se encuentran navegando en un complejo mosaico de desafíos y oportunidades, buscando equilibrios dinámicos entre sus agendas nacionales y las presiones y compromisos internacionales. Sus trayectorias, influenciadas por factores tanto internos como externos, contribuirán a definir no solo los futuros caminos de desarrollo de estas naciones, sino también la forma y sustancia del emergente nuevo orden mundial en el futuro cercano.

La exploración del Nuevo Orden Mundial (NOM) y el papel de las BRICS en su interior inevitablemente conduce a preguntarse cómo estas cinco naciones (Brasil, Rusia, India, China y Sudáfrica) pueden cooperar y competir con las instituciones existentes y cómo sus acciones pueden redefinir la arquitectura global de la gobernanza.

Examinar el fenómeno del NOM requiere una evaluación cuidadosa de su estructura, que está guiada no solo por la política, sino también por factores económicos, sociales, tecnológicos y culturales. El NOM a menudo se percibe como un sistema en el que el poder global y la influencia se distribuyen de manera más heterogénea y multipolar, involucrando a actores no estatales como organizaciones internacionales, multinacionales y grupos de la sociedad civil, que desempeñan un papel cada vez más relevante.

Las BRICS, con sus economías en rápido crecimiento y poblaciones enormes, representan una fuerza significativa dentro de este nuevo paradigma. Sin embargo, cada país tiene un enfoque único hacia el NOM, basado en sus propias necesidades, objetivos y desafíos nacionales.

Por ejemplo, China es a menudo vista como un actor clave en la formulación de un nuevo paradigma del NOM. A través de iniciativas como la Iniciativa de la Franja y la Ruta (BRI), Beijing ha buscado redefinir su posición en la geopolítica global, enfatizando la cooperación y la conectividad en lugar de la dominación. China también está tratando de afirmarse como líder en el diálogo global sobre cuestiones como el cambio climático y la sostenibilidad.

India, con su democracia pluralista y economía en rápido crecimiento, representa otro polo vital dentro de las BRICS. El país ha perseguido activamente una agenda multilateral, participando activamente en foros e iniciativas internacionales, y se esfuerza por

equilibrar las relaciones con actores clave como
Estados Unidos y China. El desafío para India es
navegar hábilmente entre la cooperación económica y
las tensiones geopolíticas, especialmente en relación
con las fronteras y la seguridad regional.

Rusia, con su proyección de poder militar y recursos
energéticos, desempeña un papel crucial en la
determinación de las dinámicas de poder del NOM. Sus
acciones en Ucrania y Siria, así como sus relaciones
con Europa y Estados Unidos, continúan moldeando la
seguridad y la estabilidad en la política internacional.
Rusia también es un actor activo en el Ártico, una
región que se está volviendo cada vez más estratégica
debido al cambio climático y los recursos naturales sin
explotar.

El Brasil, con sus abundantes recursos naturales y su
economía diversificada, busca equilibrar sus
necesidades de desarrollo con la responsabilidad
ambiental. La deforestación en la Amazonia y el
equilibrio entre la agricultura, la industria y la
sostenibilidad siguen siendo cuestiones cruciales para
la posición de Brasil en el NOM, al igual que sus
políticas sociales y la gestión de la diversidad y la
desigualdad dentro del país.

Sudáfrica, que representa un punto de referencia para
el continente africano dentro de las BRICS, enfrenta
desafíos como la desigualdad, la pobreza y la necesidad

de reformas estructurales. El país desempeña un papel clave en la promoción de la estabilidad y el desarrollo en África y busca equilibrar esto con su posición y compromisos en el contexto global más amplio.

Todos estos aspectos, desde los desafíos internos hasta la participación en foros y organismos internacionales, desde las relaciones bilaterales hasta los compromisos multilaterales, y desde la gobernanza económica hasta la promoción de los derechos humanos y el desarrollo sostenible, representan los bloques con los que las BRICS construyen su papel en el NOM, tratando de reformular y renegociar constantemente su lugar en las dinámicas globales de poder y cooperación.

Al profundizar aún más en el concepto del Nuevo Orden Mundial (NOM) y el papel de las BRICS, se hace evidente la importancia de explorar las estrategias, objetivos y metodologías utilizadas por estos países para navegar a través de la compleja red de relaciones internacionales y los desafíos planteados por la geopolítica global. Las BRICS no son simplemente un bloque económico; representan una coalición en la que cada miembro aporta sus propios recursos, desafíos y aspiraciones.

El NOM no es un concepto estático y monolítico. Es moldeado y continuamente redefinido por la naturaleza cambiante de los equilibrios de poder, las ideologías, las políticas y las economías de los países

involucrados. Las BRICS, cada una con su propia
agenda y visión del mundo, buscan influir en el NOM
de maneras únicas y diversificadas.

China, por ejemplo, ha implementado una estrategia
de "diplomacia de la trampa de la deuda", financiando
proyectos de infraestructura masivos en países en
desarrollo, al mismo tiempo que crea dependencia
financiera y aumenta su influencia geopolítica. Su
Iniciativa de "Un Cinturón, Una Ruta" tiene como
objetivo fortalecer y diversificar las rutas comerciales,
al tiempo que reduce la dependencia de aquellas
controladas por potencias occidentales.

India, por su parte, busca aumentar su poder e
influencia tanto en la región del Asia meridional como
en el contexto global. El país ha tomado iniciativas
para fortalecer su presencia marítima, mejorar las
relaciones con los vecinos del Asia meridional y
establecer asociaciones con otras potencias globales. La
diplomacia de India se desarrolla en un terreno
complejo, donde debe equilibrar la competencia con
China y Pakistán con la construcción de relaciones
sólidas con Estados Unidos, Rusia y la Unión Europea.

Rusia ha seguido una política exterior que a menudo
choca con la del Occidente. La anexión de Crimea en
2014 y el apoyo a regímenes como el sirio muestran
una clara divergencia de las políticas occidentales.
Rusia utiliza sus recursos energéticos como una

herramienta de influencia política, al tiempo que busca diversificar sus alianzas y socios comerciales, incluyendo a actores externos como China y otros miembros de las BRICS.

Brasil ha oscilado entre una política exterior orientada al multilateralismo y períodos de enfoque en sus intereses nacionales. La protección de sus inmensos recursos naturales, junto con el desarrollo económico y social, es un desafío constante. Brasil a menudo busca equilibrar su crecimiento económico con la necesidad de proteger y preservar la Amazonia, un tema que ha generado tensiones tanto a nivel nacional como internacional.

Sudáfrica ha asumido un papel de liderazgo en el desarrollo y la integración de África. A través de la Unión Africana y otros foros regionales, Sudáfrica busca abordar temas como la seguridad, el desarrollo sostenible y la cooperación económica, al tiempo que enfrenta desafíos internos como la desigualdad económica, cuestiones sociales y la necesidad de un crecimiento estable e inclusivo.

Explorando estos aspectos, se destaca cómo las BRICS son tanto colaboradoras como competidoras, tanto a nivel bilateral como en el contexto multilateral del NOM. El desafío futuro será navegar a través de estas dinámicas, gestionar las tensiones y construir un diálogo que promueva no solo los intereses nacionales, sino también una cooperación y un desarrollo global sostenibles. En este marco, el concepto del NOM sigue evolucionando, influenciado por las trayectorias y las interacciones de estos actores significativos en el escenario mundial.

El concepto del Nuevo Orden Mundial, al ser tan elástico como complejo, trasciende las meras construcciones geopolíticas o económicas, penetrando en las esferas de la ideología, la cultura y la normatividad internacional. Su realización, o incluso su configuración, varía considerablemente según las perspectivas desde las cuales se observe: el occidental capitalista, el socialista, el autoritario o el teórico del desarrollo del sur del mundo, cada uno tendrá una visión diferente de lo que el NOM representa o debería representar.

Las BRICS, a diferencia de una entidad occidental monolítica, ofrecen una paleta de enfoques hacia la globalización, la soberanía, la democracia, el desarrollo y la seguridad internacional. Esta diversidad, tanto en términos de desafíos internos como de objetivos externos, representa tanto una oportunidad como un desafío para la configuración de un nuevo orden mundial emergente.

La dinámica del Nuevo Orden Mundial será en gran medida definida por cómo las potencias de las BRICS negociarán sus relaciones bilaterales y multilaterales con Occidente, pero también entre sí. La articulación de sus agendas nacionales con las expectativas y presiones internacionales desempeñará un papel clave en este contexto.

China, con su inmenso peso económico y su creciente presencia militar, seguirá siendo un factor clave de cambio en el NWO, buscando remodelar las normas y las instituciones globales en favor de un sistema que refleje mejor sus intereses y valores nacionales. Su relación con India, en particular, será crucial, ya que ambas naciones aspiran a una mayor influencia global, pero también están atrapadas en problemas regionales y cuestiones bilaterales de seguridad sin resolver.

India, por su parte, maniobrará en una posición de equilibrio de poder, entre la adhesión a un orden liberal basado en reglas y la necesidad de gestionar una relación compleja y a veces conflictiva con China. Su compromiso con los principios democráticos la sitúa en un contexto único entre los BRICS, que a menudo tienden hacia el autoritarismo estatal o la democracia iliberal.

Rusia, aislada por sanciones occidentales y orientada hacia un mayor autoritarismo interno y activismo externo, navega entre la necesidad de cooperar con China e India y la protección de sus intereses en las antiguas repúblicas soviéticas, una zona que considera de interés nacional vital.

Brasil y Sudáfrica, ambas potencias regionales con significativos desafíos internos, serán actores clave en la definición de cómo el Sur del mundo, en particular África y América Latina, se posicionarán en el contexto del NWO. Su capacidad para equilibrar el desarrollo económico interno, la sostenibilidad ambiental y las expectativas de la comunidad internacional definirá su influencia y liderazgo no solo en sus respectivas regiones, sino también en el contexto más amplio del NWO.

En resumen, el NWO y el papel de los BRICS en él serán fuertemente influenciados por las dinámicas internas y externas de estos países, sus interacciones mutuas y sus relaciones con otras potencias globales y regionales. Una mezcla de cooperación y conflicto, de convergencia y divergencia de intereses y valores, moldeará el escenario global en los próximos años y décadas. La profundidad y sustancia del discurso y el análisis sobre estos temas serán esenciales para comprender y navegar en el complejo y cambiante panorama del futuro orden mundial.

6. Impacto de las BRICS en el Nuevo Orden Mundial

Las BRICS, como colectivo y como actores individuales, son de crucial importancia para dar forma al nuevo orden mundial (NOM), no solo debido a su fuerza económica, sino también por su peso geopolítico y políticas exteriores.

A. Significado Económico Global

1. **Influencia Económica:** La suma de las economías de las BRICS es significativa a nivel global, y las decisiones económicas tomadas por estos países a menudo tienen repercusiones más allá de sus fronteras.

2. **Inversiones Directas:** Las BRICS son fuente y destino de flujos significativos de inversión extranjera directa, lo que contribuye a establecer vínculos económicos con diversas regiones del mundo.

3. **Comercio:** El aumento del comercio intra-BRICS y con otras naciones afecta a las dinámicas comerciales mundiales, creando nuevas rutas y modificando los equilibrios existentes.

B. Contribución a la Gobernanza Global

1. **Instituciones Multilaterales:** La participación y a veces la oposición de las BRICS a las instituciones multilaterales existentes subraya su deseo de reformar la gobernanza global.

2. **Creación de Nuevas Plataformas:** El establecimiento de nuevas plataformas e instituciones, como el Banco de Desarrollo de las BRICS, indica un interés en crear alternativas a los mecanismos occidentales tradicionales.

C. Enfoque en Soberanía e Intervencionismo

1. **Principio de No Intervención:** El compromiso común con el principio de no intervención en los asuntos internos también informa su enfoque de los asuntos internacionales.

2. **Respuesta a Conflictos:** La postura de las BRICS ante conflictos y crisis internacionales a menudo contrasta con la de las potencias occidentales, ofreciendo alternativas o desafiando las soluciones propuestas.

D. Dinámicas Regionales y Bilaterales

1. **Relaciones Bilaterales:** Las relaciones bilaterales entre los miembros de las BRICS y

otras naciones afectan a las alianzas y conflictos a nivel global.

2. **Liderazgo Regional:** La forma en que las BRICS influyen y gestionan sus respectivas regiones también determina la evolución del poder global.

E. Temas de Seguridad Global

1. **Política de Seguridad:** Las BRICS son vitales para abordar temas de seguridad, como la proliferación nuclear, la ciberseguridad y el terrorismo.

2. **Cooperación Militar:** La cooperación militar intra-BRICS y con otras naciones puede influir en los equilibrios de poder y establecer nuevas coaliciones de seguridad.

F. Desafíos Ambientales y Climáticos

1. **Cambio Climático:** Dadas sus escalas, las políticas ambientales adoptadas por los BRICS son fundamentales para dar forma a los esfuerzos globales contra el cambio climático.

2. **Sostenibilidad:** El crecimiento económico de los BRICS plantea preguntas sobre la sostenibilidad y el equilibrio entre el desarrollo y la conservación.

Los BRICS, debido a su notable variedad en términos de sistemas políticos, niveles de desarrollo económico y perfiles de política exterior, están dando forma al NWO de manera no uniforme y a veces contradictoria. Desafían el sistema en algunos aspectos, mientras que en otros lo refuerzan o buscan integrarse más en él.

El NWO, por lo tanto, no será simplemente el resultado de las acciones de un solo actor o grupo de actores, sino más bien el resultado de una serie compleja e ininterrumpida de interacciones, compromisos, conflictos y cooperación entre los BRICS, las potencias occidentales y otros actores globales y regionales. Los desafíos futuros serán múltiples y abarcarán desde el mantenimiento de la estabilidad económica hasta la gestión de conflictos, desde la superación de las desigualdades globales e internas hasta la protección del medio ambiente y la preservación de la biodiversidad planetaria.

G. Desigualdades y Desarrollo Socioeconómico

- **Crecimiento y Desigualdad:** El crecimiento económico de los BRICS ha generado beneficios significativos, pero también ha dado lugar a desigualdades tanto dentro de los países como entre ellos, planteando cuestiones sobre cómo equilibrar la expansión económica con la justicia social y la reducción de la pobreza.

- **Migración:** La atracción económica y las oportunidades en los BRICS impulsan la migración tanto interna como internacional, lo que influye en las dinámicas demográficas y sociales que, a su vez, tienen un impacto en las políticas y relaciones internacionales.

H. Innovación y Competitividad Global

- **Tecnología y Digitalización:** La revolución digital y la innovación tecnológica en los BRICS no solo impulsan sus economías, sino que también generan nuevos desafíos en términos de regulación, seguridad y competitividad a nivel mundial.

- **Educación e Investigación:** Las inversiones en educación e investigación son cruciales para mantener y aumentar la competitividad global de los BRICS, lo que requiere un análisis profundo de cómo estas áreas influyen y son influenciadas por las dinámicas internacionales.

I. Asuntos Demográficos y Sociales

- **Envejecimiento y Juventud:** Las diversas características demográficas dentro de los BRICS, como sociedades que envejecen y poblaciones jóvenes, crean una matriz de desafíos y oportunidades que afectan las políticas internas y las relaciones exteriores.

- **Cultura e Identidad:** La diversidad cultural y las cuestiones de identidad dentro de los BRICS son relevantes para comprender las trayectorias de la política interna y cómo se entrelazan con la política exterior y las relaciones internacionales.

J. Políticas de Salud y Pandemias

- **Salud Global:** Los BRICS desempeñan un papel crucial en las políticas de salud globales, y la gestión de crisis sanitarias como la pandemia de COVID-19 destaca la importancia de la cooperación y la gobernanza de la salud a nivel internacional.

- **Acceso e Innovación en Salud:** El acceso a los servicios de salud y las innovaciones en el campo médico influyen y son influenciados por las dinámicas económicas y políticas globales en las que los BRICS están profundamente involucrados.

K. Dinámicas de Poder y Liderazgo

- **Soft Power:** El ejercicio del soft power, a través de la cultura, los medios y las relaciones internacionales, por parte de los BRICS, es un campo que merece un análisis preciso para comprender sus implicaciones en las dinámicas de poder global.

- **Liderazgo Internacional:** La forma en que los BRICS ejercen el liderazgo e influyen en la normativa internacional en diversos campos, desde el medio ambiente hasta los derechos humanos, es fundamental para comprender las trayectorias futuras del NWO.

L. Recursos y Medio Ambiente

- **Gestión de Recursos:** Las políticas y prácticas relacionadas con la gestión de los recursos naturales en los BRICS afectan no solo a sus economías, sino también a las economías globales, con implicaciones en términos de seguridad, cooperación y conflicto.

- **Políticas Ambientales:** Los BRICS desempeñan un papel central en las dinámicas ambientales globales, y su enfoque en las políticas climáticas y ambientales será crucial para abordar los desafíos ecológicos del futuro.

Los BRICS, a través de todas estas dimensiones, son actores fundamentales en la configuración de las dinámicas globales, tanto en términos de economía como de geopolítica. Su crecimiento, desafíos internos y la forma en que gestionan sus políticas exteriores se vuelven, por lo tanto, de vital importancia para comprender y analizar la evolución del nuevo orden mundial. Examinar cada una de estas áreas con un enfoque crítico y analítico permitirá comprender mejor el papel y el impacto de los BRICS en el contexto global más amplio, arrojando luz sobre posibles escenarios futuros y los desafíos que el mundo enfrentará en los próximos años y décadas.

C. Construcción de Nuevas Estructuras

- **Iniciativas Económicas:** Los BRICS están activamente involucrados en la construcción de nuevas estructuras e iniciativas económicas, como el Nuevo Banco de Desarrollo, que tiene como objetivo ofrecer alternativas de financiamiento para proyectos de desarrollo en el mundo en desarrollo.

- **Red de Comercio:** Buscan establecer redes de comercio e inversión que puedan diversificar sus economías, reducir la dependencia de las potencias occidentales y aumentar la resiliencia económica mutua.

D. Política de Seguridad y Defensa

- **Estabilidad Regional:** Los BRICS están activamente involucrados en tratar de mantener y, en algunos casos, estabilizar las regiones en las que se encuentran, abordando desafíos como el terrorismo, la piratería y los conflictos regionales.

- **Cooperación en Seguridad:** También exploran áreas de cooperación en seguridad y defensa, equilibrando sus políticas nacionales de seguridad con la necesidad de abordar desafíos colectivos y transnacionales.

E. Estrategias de Inversión y Desarrollo

- **Inversiones Directas:** Los BRICS se han convertido en fuentes significativas de inversión directa en el extranjero, influyendo en el desarrollo económico en muchas regiones a través de la financiación de infraestructuras, la creación de empleo y el aumento del comercio.

- **Influencia Económica:** Al invertir en países en desarrollo, también aumentan su influencia económica y política, dando forma a las dinámicas del poder global y regional.

F. Promoción de Valores y Normas

- **Modelos de Desarrollo:** Los BRICS ofrecen modelos alternativos de desarrollo y gobernanza que a menudo contrastan con los propuestos por las democracias liberales occidentales, desafiando los paradigmas existentes sobre cuestiones como la gobernanza global y el desarrollo sostenible.

- **Valores y Principios:** Mientras promueven la no interferencia y el respeto a la soberanía, las acciones de los BRICS también reflejan y dan forma a normas globales emergentes, influenciando las reglas y prácticas a nivel internacional.

G. Cambios en el Comercio Global

- **Cadenas de Suministro:** Los BRICS tienen un impacto significativo en las cadenas de suministro globales, no solo como importantes productores y exportadores, sino también a través de la creación y desarrollo de nuevos mercados y asociaciones comerciales.

- **Nuevas Rutas Comerciales:** Al invertir en infraestructura global, como la Iniciativa del Cinturón y Ruta de la Seda de China, también están reconfigurando las rutas comerciales y las redes de transporte, influyendo en la economía global y las dinámicas de poder.

H. Desafíos Globales y Soluciones

- **Cambio Climático:** Como algunos de los mayores contaminadores y consumidores de recursos, los BRICS están en el centro de las discusiones y acciones relacionadas con el cambio climático, y sus políticas energéticas y ambientales tendrán un impacto significativo en la capacidad del mundo para abordar futuras crisis ecológicas.

- **Salud Global:** Después de la pandemia de COVID-19, la gestión de crisis sanitarias globales y el acceso a bienes públicos globales, como las vacunas, se han vuelto centrales, y las políticas y acciones de los BRICS en estas áreas serán fundamentales para configurar los futuros sistemas de salud globales.

A través de estos temas, el impacto de los BRICS en el Nuevo Orden Mundial puede ser examinado y comprendido en una multiplicidad de dimensiones. Con su creciente influencia y complejas dinámicas internas y externas, los BRICS continúan desempeñando un papel clave en la redefinición de las estructuras y procesos globales, ofreciendo nuevos caminos y perspectivas, pero también presentando nuevos desafíos y tensiones que requieren un análisis y comprensión cuidadosos. Su capacidad para navegar a través de estas dinámicas, construir cohesión interna y gestionar relaciones externas efectivas será fundamental para su futuro impacto y papel en el sistema internacional.

El impacto de los BRICS en el contexto del Nuevo Orden Mundial sigue estando profundamente interconectado con varios aspectos, incluida la política tecnológica, la diplomacia cultural y la influencia en los foros internacionales. **Tecnología e Innovación**

- **Investigación y Desarrollo:** El enfoque conjunto de los BRICS en la investigación y el desarrollo, invirtiendo en áreas como la inteligencia artificial, la biotecnología y la energía renovable, tiene un impacto directo en la comunidad global al impulsar avances en la producción de vacunas y el desarrollo de tecnologías verdes.

- **Normas Cibernéticas:** En el mundo digitalizado de hoy, la gobernanza de Internet y las normas cibernéticas se están volviendo cada vez más cruciales. Como mercados digitales masivos y actores significativos en la definición de las normas del ciberespacio, los BRICS ejercen una influencia considerable en las discusiones globales sobre seguridad cibernética y protección de datos.

Diplomacia Cultural

- **Poder Suave:** La diplomacia cultural a través del poder suave es otro vehículo a través del cual los BRICS buscan dar forma al Nuevo Orden Mundial. Ya sea a través del cine de Bollywood, el arte brasileño o la promoción del idioma ruso, los esfuerzos por proyectar el poder suave no solo aumentan su influencia cultural, sino que también construyen puentes y crean percepciones a través de las fronteras.

- **Educación:** Además, la educación y los intercambios académicos ofrecen otro medio a través del cual los BRICS construyen conexiones e influyen en el discurso global. Universidades como Tsinghua en China o IIT en India se están volviendo cada vez más influyentes en la educación de la próxima generación de líderes globales.

-

Foro y Plataformas Globales

- **Liderazgo Global:** La presencia de las BRICS en foros globales como el G20, la OMC y otros espacios multilaterales se vuelve cada vez más destacada. Utilizando estas plataformas, pueden influir en las decisiones económicas globales y dar forma a la agenda en temas como el comercio internacional, la tributación digital y la deuda soberana.

- **Colaboración y Competencia:** Mientras que las BRICS colaboran en algunos foros y contextos, también se encuentran en situaciones de competencia y rivalidad, tanto entre ellas como con otras potencias globales. Esta dinámica dual de colaboración y competencia a menudo se refleja en la forma en que las BRICS buscan dar forma y responder a las estructuras globales emergentes y los desafíos.

- **Cambios Demográficos y Sociales**

- **Dinámicas Poblacionales:** Las dinámicas demográficas dentro de las BRICS, incluidos los desafíos de una población envejecida en países como China y Rusia, frente al crecimiento demográfico en países como India, crean oportunidades y desafíos. La influencia de las BRICS y su capacidad para dar forma al orden mundial están estrechamente relacionadas con la gestión de sus dinámicas demográficas y sociales internas.

- **Asuntos Sociales:** La atención a la justicia social, la igualdad y el desarrollo inclusivo dentro de las BRICS también se traduce en una serie de políticas y enfoques que pueden influir en las normas y valores globales, así como en su aceptación e implementación de acuerdos internacionales y objetivos de desarrollo.

- **Recursos Naturales y Medio Ambiente**

- **Seguridad de Recursos:** Las BRICS, ricas en recursos naturales, desempeñan un papel clave en la gestión y el uso sostenible de los recursos naturales, influyendo en las dinámicas globales relacionadas con la seguridad de los recursos, la gestión ambiental y el cambio climático.

- **Estrategias Ambientales:** La adopción de tecnologías verdes y estrategias de mitigación del cambio climático, así como su compromiso con los Objetivos de Desarrollo Sostenible de las Naciones Unidas y los objetivos del Acuerdo de París, tendrán un impacto significativo en las políticas ambientales globales y en las dinámicas de desarrollo sostenible a nivel mundial.

- Esta visión general, aunque no exhaustiva, muestra cómo las BRICS influyen y son influenciadas por el contexto más amplio de las dinámicas globales, afectando la formación del nuevo orden mundial a través de diversos canales y mecanismos. Su trayectoria y decisiones futuras seguirán siendo un factor crucial en la definición de las tendencias globales en las próximas décadas.

- **Desarrollo Sostenible y Desafíos Ambientales** Las BRICS, con su crecimiento económico rápido y continuo, deben enfrentar diversos desafíos relacionados con la sostenibilidad ambiental. La forma en que estas naciones abordan los desafíos ambientales y el desarrollo sostenible tendrá un impacto

significativo en el medio ambiente global, dada
su amplia huella ecológica.

- **Compromiso Ambiental:** Las BRICS están
emergiendo gradualmente como actores clave en
las discusiones internacionales sobre el cambio
climático y la biodiversidad. Sus enfoques y
compromisos para lograr los Objetivos de
Desarrollo Sostenible de las Naciones Unidas y
los objetivos del Acuerdo de París influirán
considerablemente en el futuro del planeta.

- **Seguridad y Estabilidad Regional** Las
políticas de seguridad y defensa de las BRICS, y
la forma en que gestionan conflictos y tensiones
regionales, influyen en la estabilidad global.

- **Tensiones Regionales:** En Asia, por ejemplo,
el equilibrio de poder y las tensiones entre India
y China pueden dar forma a la geopolítica
regional y global. De manera similar, las
relaciones de Rusia con sus vecinos europeos y la
postura de Brasil y Sudáfrica en sus contextos
regionales son dinámicas vitales.

- **Cooperación en Salud** La cooperación en
salud entre las BRICS ha crecido, especialmente
a la luz de la pandemia de COVID-19.

- **Gestión de Pandemias:** El enfoque colectivo
de las BRICS en la gestión de crisis de salud, la

producción y distribución de vacunas, y la colaboración en investigación científica influyen en la salud global y la respuesta a las pandemias.

- **Integración Económica y Comercial** La integración económica y comercial entre las BRICS es otro aspecto fundamental.

- **Acuerdos Comerciales:** El desarrollo de acuerdos comerciales bilaterales y multilaterales, y la forma en que las BRICS se involucran con otras economías emergentes y desarrolladas, contribuirán a definir el futuro del orden económico mundial.

- **Lucha Contra la Corrupción** Las BRICS también se han comprometido a nivel colectivo e individual en la lucha contra la corrupción.

- **Normas Anticorrupción:** La adopción y aplicación de regulaciones y leyes anticorrupción tienen un impacto no solo a nivel nacional, sino también internacional, influyendo en la gobernanza global y los estándares en los sectores financieros y empresariales.

- **Desarrollo de Infraestructura** Las BRICS están invirtiendo fuertemente en el desarrollo de infraestructura, un elemento vital para el crecimiento económico.

- **Iniciativas de Infraestructura:** La Iniciativa del Cinturón y Ruta de la Seda de China, los proyectos de infraestructura en India y otros esfuerzos similares en Brasil, Rusia y Sudáfrica están cambiando no solo el panorama físico de estas naciones, sino también las dinámicas económicas y geopolíticas regionales.

- **Innovación en el Sector Financiero**

- **Instituciones Financieras de las BRICS:** La creación de instituciones financieras como el Nuevo Banco de Desarrollo (NBD) de las BRICS es un ejemplo claro del deseo del grupo de dar forma a la arquitectura financiera global y proporcionar alternativas a las instituciones lideradas por Occidente.

- En estas dinámicas se refleja la interconexión y la influencia mutua de las BRICS en el contexto global, mostrando cómo sus políticas internas y externas se entrelazan con los desafíos y oportunidades del Nuevo Orden Mundial. La capacidad de las BRICS para colaborar, coordinar políticas y construir soluciones compartidas a desafíos globales será crucial para el futuro de su influencia en el contexto global.

- **Políticas Sociales e Inequidades**

- **Desigualdad Social:** Dentro de las BRICS, la desigualdad de ingresos, las disparidades sociales y los desafíos relacionados con cuestiones de género y etnicidad son problemas importantes que afectan sus políticas sociales y económicas internas, así como su enfoque hacia la cooperación y el desarrollo internacional.

Cambio Demográfico Las BRICS se caracterizan por diversas tendencias demográficas que, a su vez, influyen en sus políticas y perspectivas globales.

- **Dinámicas Demográficas:** India, por ejemplo, se destaca por tener una población relativamente joven y una rápida urbanización, mientras que China enfrenta el envejecimiento de la población debido en parte a su anterior política de un solo hijo. Estas diversas dinámicas demográficas influyen en las políticas internas y las perspectivas de desarrollo a largo plazo.

Seguridad Energética

- **Dependencia Energética:** La seguridad energética y la dependencia de los combustibles fósiles, especialmente en el contexto del cambio climático y el avance de las energías renovables, son cuestiones centrales. Rusia es un exportador neto de energía, mientras que India es uno de los

mayores importadores mundiales de petróleo.
Estas dinámicas tienen un profundo impacto en
sus políticas energéticas y en su compromiso con
la transición energética.

Cultura y Soft Power

- **Influencia Cultural:** Las BRICS también
  buscan expandir su influencia cultural y soft
  power a nivel global a través de varios medios,
  como medios de comunicación, cultura,
  educación y diplomacia pública, con el fin de
  aumentar su impacto y atractivo en el escenario
  mundial.

Diplomacia de Vacunas

- **Vacunación:** La distribución de vacunas,
  especialmente evidente durante la pandemia de
  COVID-19, se ha convertido en una herramienta
  diplomática. China y Rusia, por ejemplo, han
  utilizado el suministro de vacunas como una
  herramienta de diplomacia global, buscando
  aumentar su influencia en regiones estratégicas.

Tecnología y Ciberseguridad

- **Guerra Cibernética:** En una era dominada por
  la tecnología y la información, las BRICS también
  exploran el dominio cibernético. La
  ciberseguridad y la guerra cibernética se han

convertido en cuestiones cruciales no solo para la seguridad nacional, sino también para la estabilidad económica y las operaciones cotidianas.

Turismo e Intercambio Cultural

- **Intercambio Intercultural:** El turismo y el intercambio cultural entre las BRICS y otras naciones representan otro mecanismo a través del cual estas naciones buscan aumentar la comprensión mutua y fortalecer los lazos a varios niveles.

Cooperación en el Espacio

- **Exploración Espacial:** Las BRICS también están colaborando en el ámbito espacial. Por ejemplo, China y Rusia han anunciado planes conjuntos para construir una estación espacial lunar.

Las BRICS, con sus diversos y complejos desafíos y oportunidades, continuarán desempeñando un papel fundamental en la definición de las trayectorias futuras del nuevo orden mundial. La forma en que gestionan sus desafíos internos y navegan por las dinámicas internacionales no solo determinará su destino, sino que también tendrá un impacto significativo en la geopolítica y la economía global en el futuro cercano.

Impacto de las BRICS en el Nuevo Orden Mundial Las BRICS, con su creciente importancia económica, política y militar, están asumiendo un papel cada vez más predominante en el orden mundial. Este punto puede desarrollarse con especial atención en los siguientes subtemas: **Impacto Económico:** Las BRICS son una fuerza significativa en la economía global, con una notable influencia en el PIB mundial y el comercio internacional. La expansión de sus economías ha influido en las dinámicas comerciales y financieras internacionales, desplazando gradualmente el centro económico global. Por ejemplo, China se ha convertido en la segunda economía mundial y un pilar fundamental del crecimiento global.

Liderazgo Político: Las BRICS se han vuelto más audaces en el ejercicio de su influencia política y en la formación de la gobernanza global. Su cooperación en foros multilaterales y la formación de alianzas (como la propia organización de las BRICS) han creado nuevas plataformas y vehículos para la acción y la influencia política global.

Seguridad y Defensa: En el ámbito militar y de seguridad, las BRICS están fortaleciendo sus capacidades de defensa y seguridad. Su participación y compromiso en conflictos regionales y cuestiones de seguridad global, como las misiones de mantenimiento de la paz de las Naciones Unidas, están definiendo nuevos equilibrios de poder.

Medio Ambiente y Sostenibilidad: Las BRICS, al ser algunos de los principales emisores de gases de efecto invernadero y tener una huella ecológica significativa, desempeñan un papel crucial en las dinámicas ambientales globales. Sus políticas y compromisos en materia de cambio climático y sostenibilidad son fundamentales para el futuro del planeta.

Tecnología e Innovación: En términos de tecnología e innovación, las BRICS están a la vanguardia en el desarrollo e implementación de tecnologías emergentes, como la inteligencia artificial y la biotecnología, influyendo en regulaciones, ética y dinámicas competitivas globales.

Relaciones Internacionales: Las relaciones entre las BRICS y otras potencias globales son otro aspecto crucial. La forma en que las BRICS interactúan con naciones como Estados Unidos, la Unión Europea y otras potencias emergentes está estableciendo nuevas dinámicas y polarizaciones en el panorama internacional.

Desafíos y Oportunidades: Los desafíos, como las desigualdades internas, los problemas sociales y las tensiones políticas, junto con las oportunidades, como el potencial de crecimiento económico y el desarrollo tecnológico, están definiendo las futuras trayectorias de las BRICS y su impacto en el orden mundial.

En conclusión, a través de sus políticas, estrategias e interacciones a nivel global, las BRICS están dando forma al nuevo orden mundial, influyendo en las dinámicas económicas, políticas y sociales a escala global. Su colaboración, tensiones internas y relaciones externas crean un intrincado entramado de cooperación y competencia que será determinante para la forma futura de la política, la economía y la sociedad internacionales. El análisis y la comprensión de las trayectorias, estrategias y dinámicas de las BRICS son esenciales para descifrar y prever la evolución del paisaje global en el siglo XXI.

7. Tecnología e Innovación

Tecnología e Innovación en las BRICS

El papel de las BRICS (Brasil, Rusia, India, China y Sudáfrica) en el desarrollo tecnológico y la innovación es particularmente influyente y ofrece un panorama amplio y complejo para explorar debido a la diversidad y especificidad de cada país miembro. A continuación, se abordan varios aspectos relacionados con el papel de las BRICS en el ámbito tecnológico y de la innovación a nivel global.

A. Dinámicas de Innovación y Desarrollo Tecnológico

Las BRICS son actores significativos en el escenario de la innovación tecnológica, con un creciente impacto a nivel mundial.

1. **China:** Con su industrialización masiva y la estrategia "Made in China 2025", el país busca convertirse en líder en varios sectores de alta tecnología, incluyendo inteligencia artificial, robótica, tecnología de la información, energía renovable y vehículos eléctricos.

2. **India:** Conocida por su sólido sector de tecnología de la información y la innovación en servicios tecnológicos, India tiene un creciente entorno de startups y avances en biotecnología, tecnología espacial y energías renovables.

3. **Brasil:** Destaca en investigación en energías renovables, especialmente en la producción de bioetanol y la investigación agrícola avanzada, a pesar de enfrentar desafíos en la asignación de recursos para I+D.

4. **Rusia:** Tiene fortalezas en la industria aeroespacial y nuclear y busca diversificar su economía mediante inversiones en innovación y tecnología.

5. **Sudáfrica:** A pesar de enfrentar varios desafíos, el país desempeña un papel importante en el desarrollo tecnológico del continente africano,

con énfasis en tecnologías de la información, energías renovables y astronomía.

B. Colaboración y Competencia Tecnológica

Las BRICS cooperan y compiten simultáneamente en el campo de la innovación y la tecnología, creando una compleja red de asociaciones y rivalidades.

- **Cooperación:** Hay numerosos ejemplos de colaboración entre las BRICS, como iniciativas conjuntas de investigación y desarrollo, conferencias científicas y asociaciones en el campo espacial.

- **Competencia:** La competencia por el dominio en áreas clave, como la inteligencia artificial y las telecomunicaciones (por ejemplo, la red 5G), es evidente entre los miembros de las BRICS, especialmente entre China e India.

C. Implicaciones Globales de la Tecnología e Innovación de las BRICS

La creciente influencia de las BRICS en la innovación y la tecnología plantea una serie de implicaciones globales:

- **Economía Global:** La innovación tecnológica en las BRICS afecta las dinámicas económicas globales, brindando nuevas oportunidades de mercado y creando nuevos centros de producción y desarrollo tecnológico.

- **Seguridad Cibernética:** Las capacidades tecnológicas avanzadas también implican una creciente capacidad para influir en el ciberespacio, con las BRICS convirtiéndose en actores relevantes en la ciberseguridad y la ciberguerra.

- **Medio Ambiente:** El desarrollo de tecnologías verdes y soluciones innovadoras para el cambio climático por parte de las BRICS puede tener un impacto significativo en las dinámicas ambientales globales.

D. Desafíos y Oportunidades

Las BRICS enfrentan una serie de desafíos relacionados con la innovación, incluyendo la protección de la propiedad intelectual, la promoción de la investigación y desarrollo y la formación de talento científico y tecnológico.

- **Oportunidades:** Las BRICS pueden aprovechar sus habilidades y recursos para catalizar la innovación, por ejemplo, promoviendo startups y atrayendo inversión extranjera.

- **Desafíos:** Temas como la equidad en el acceso a la tecnología, la patentabilidad y la ética en la innovación son cruciales y representan desafíos significativos.

En conclusión, las BRICS, con sus peculiares dinámicas de desarrollo tecnológico e innovación, no solo moldean sus propias trayectorias de crecimiento, sino que también influyen en la arquitectura tecnológica e innovadora global. Los equilibrios entre cooperación y competencia, los desafíos internos y las implicaciones globales de su ascenso tecnológico forman un contexto rico y polifacético que merece un análisis profundo y multidimensional para comprender completamente las futuras dinámicas de la innovación y la tecnología a nivel mundial.

Ampliación de la Discusión sobre Tecnología e Innovación en las BRICS

E. Digitalización y Sector Tecnológico

La digitalización ha desempeñado un papel predominante en las economías de las BRICS, dando lugar a una transformación digital que impregna varios sectores. Por ejemplo, el lanzamiento y la adopción de tecnologías digitales en las BRICS han influido significativamente en las infraestructuras existentes y en el panorama socioeconómico de los países miembros.

- **Fintech:** El sector financiero tecnológico (Fintech) ha experimentado un notable desarrollo en los países BRICS, especialmente en China e India, donde la llegada de plataformas de pago digital, como Alipay y Paytm, ha revolucionado las transacciones financieras y la cultura del crédito.

- **Comercio Electrónico:** El sector del comercio electrónico está en crecimiento, con gigantes como Alibaba y Flipkart dominando los mercados locales y comenzando a expandirse a nivel internacional.

F. Sostenibilidad Tecnológica

La innovación tecnológica en los países BRICS no se trata solo del avance tecnológico, sino también de su sostenibilidad.

- **Energía:** Las tecnologías sostenibles, especialmente las relacionadas con las energías renovables, están en el centro de la investigación y el desarrollo. China, por ejemplo, es uno de los principales productores mundiales de paneles solares.

- **Vehículos Eléctricos:** La adopción y producción de vehículos eléctricos es otro campo en el que las BRICS están invirtiendo considerablemente, con el objetivo de reducir la dependencia de los combustibles fósiles y limitar las emisiones de CO_2.

G. Startups Ambientales

El Contexto de las Startups en los Países BRICS

El panorama de las startups en los países BRICS presenta una variedad de oportunidades, pero también desafíos.

- **Innovación Empresarial:** Aunque lugares como Bangalore y Shenzhen son reconocidos como centros de innovación, todavía existen obstáculos como la burocracia y el acceso al financiamiento que las startups deben enfrentar en estos países.

- **Inversiones:** La disponibilidad de capital de riesgo, inversores ángeles e incubadoras ha desempeñado un papel crucial en el desarrollo del ecosistema de startups, aunque las dinámicas de inversión varían considerablemente entre los países BRICS.

H. Inclusión Digital y Disparidades

A pesar de la rápida digitalización, una parte significativa de la población en los países BRICS sigue excluida de los beneficios de la revolución digital.

- **Acceso a la Tecnología:** La disparidad en el acceso a Internet y a las tecnologías digitales entre áreas urbanas y rurales es un problema persistente que afecta la equidad en la innovación tecnológica.

- **Alfabetización Digital:** La alfabetización digital es otro desafío, con una parte significativa de la población que carece de las habilidades necesarias para navegar en el mundo digital.

I. Investigación y Desarrollo (I+D)

La investigación y el desarrollo (I+D) son componentes fundamentales de la innovación, y los países BRICS están buscando aumentar sus inversiones en este ámbito.

- **Colaboración Internacional:** Hay numerosos ejemplos de colaboración en I+D tanto dentro del bloque de las BRICS como con otros países y organizaciones internacionales.

- **Brexit e Innovación:** Países como India y China han explorado nuevas oportunidades de colaboración en I+D con el Reino Unido después del Brexit, creando nuevos canales de intercambio científico y tecnológico.

J. Biotecnología y Salud

Las BRICS también están explorando el campo de la biotecnología, con un enfoque particular en la salud.

- **Vacunas:** La pandemia de COVID-19 ha destacado la importancia de la investigación y el desarrollo en biotecnología, con India y China convirtiéndose en actores clave en la producción y distribución de vacunas a nivel mundial.

- **Genómica:** La investigación en el campo de la genómica y la medicina genética está en crecimiento, con la creación de bancos de genes y proyectos de secuenciación a gran escala.

El panorama de las BRICS en términos de tecnología e innovación es, por lo tanto, increíblemente diverso y multifacético, con un impacto significativo a nivel mundial que influye no solo en la economía y la política de los países miembros, sino también en la de otras naciones y bloques económicos. Las dinámicas están en constante evolución y será fundamental observar cómo se desarrollarán en el futuro, influyendo en el contexto internacional de la innovación y el desarrollo tecnológico.

K. Inteligencia Artificial y Automatización

Las BRICS han reconocido la inteligencia artificial (IA) y la automatización como sectores clave para el crecimiento económico futuro y la competitividad global.

- **Adopción de la IA:** China se posiciona como líder mundial en la adopción y desarrollo de la

IA, con el objetivo de convertirse en el principal centro de innovación en IA a nivel mundial para 2030.

- **Ética y IA:** Existen crecientes debates sobre las implicaciones éticas de la IA y las políticas necesarias para garantizar un desarrollo y una adopción éticamente aceptables y socialmente beneficiosos de la IA.

L. Ciberseguridad

En una era en la que la digitalización está en aumento, la ciberseguridad se vuelve esencial.

- **Ataques Cibernéticos:** Con el aumento de las amenazas cibernéticas, las BRICS están comprometidas activamente en el desarrollo de soluciones avanzadas de ciberseguridad y la formación de expertos en el campo.

- **Políticas de Ciberseguridad:** La creación de políticas y protocolos sólidos para garantizar la seguridad de las infraestructuras críticas y los datos de los usuarios es fundamental.

M. Espacio y Tecnología Satelital

La tecnología espacial es otro campo en el que los países BRICS están buscando lograr avances significativos.

- **Misiones Espaciales:** China e India han lanzado con éxito varias misiones espaciales con objetivos que van desde la exploración lunar hasta el lanzamiento de satélites para monitorear el clima.

- **Cooperación Espacial:** La cooperación dentro del bloque de las BRICS puede implicar compartir recursos y conocimientos en el campo de la tecnología espacial.

N. Educación y Formación Tecnológica

Para que el crecimiento en el sector tecnológico sea sostenible, se requiere una inversión sólida en educación.

- **Formación STEM:** Un fuerte énfasis en la formación en Ciencia, Tecnología, Ingeniería y Matemáticas (STEM) es crucial para desarrollar talento que pueda liderar la futura innovación.

- **Universidades e Investigación:** Las universidades en los países BRICS están siendo cada vez más reconocidas por la investigación en campos tecnológicos avanzados.

O. Políticas Regulatorias y Legales

La innovación tecnológica también requiere un marco regulatorio adecuado que pueda respaldar y guiar el desarrollo seguro de nuevas tecnologías.

- **Propiedad Intelectual:** Los temas relacionados con la propiedad intelectual y las patentes son esenciales para proteger las innovaciones e incentivar futuras investigaciones y desarrollos.

- **Regulación de la IA:** La regulación de la IA, incluidas las cuestiones de privacidad y uso de datos, es un área que requiere atención y desarrollo por parte de los países BRICS.

P. Agritech e Innovación en Agricultura

La innovación tecnológica no se limita a las áreas urbanas o a los sectores de tecnología de la información tradicionales, sino que también tiene un impacto significativo en la agricultura.

- **Tecnologías Agrícolas:** Las nuevas tecnologías, incluidos drones, IoT y robótica, están encontrando aplicaciones innovadoras en la agricultura, con un enfoque particular en la sostenibilidad y la eficiencia.

- **Bioingeniería:** La investigación en el campo agrícola abarca desde la creación de nuevas variedades de cultivos hasta la producción más eficiente y sostenible de alimentos.

Cada uno de estos puntos representa un sector vital y una faceta de la innovación y el desarrollo tecnológico dentro de las naciones BRICS. Las trayectorias de desarrollo, los objetivos y los desafíos varían entre los miembros, pero comparten un interés común en fomentar avances tecnológicos y mantener una posición destacada en el escenario global de la innovación. A medida que el panorama tecnológico global continúa evolucionando, es probable que las BRICS sigan siendo actores clave en la configuración del futuro de la innovación tecnológica a nivel mundial, cada país con sus propias especializaciones y áreas de excelencia.

Q. Biotecnología y Salud

El Desafío de la Salud Global y el Avance de la Biotecnología es Fundamental para las Naciones BRICS

- **Desarrollo de Vacunas:** Durante la pandemia de COVID-19, países como Rusia e India desempeñaron roles importantes en el desarrollo y la producción de vacunas, demostrando habilidades significativas en biotecnología y fabricación farmacéutica.

- **Investigación Genética:** La innovación en genética y terapias génicas se ha convertido en áreas fundamentales de investigación y desarrollo, con aplicaciones que van desde el tratamiento de enfermedades genéticas hasta el desarrollo de nuevas terapias farmacológicas.

R. Ciudades Inteligentes y Urbanización

Con el Crecimiento de la Urbanización, las BRICS Están Desarrollando Infraestructuras y Tecnologías para Ciudades Más Inteligentes y Sostenibles

- **Infraestructura Inteligente:** La construcción de infraestructuras urbanas inteligentes, desde la iluminación de calles conectadas hasta sistemas de transporte eficientes, es una prioridad.

- **Seguridad Urbana:** La aplicación de tecnologías como el reconocimiento facial y sistemas inteligentes de monitoreo de tráfico contribuye a la seguridad y a una gestión eficiente de las metrópolis.

S. Industria 4.0 y Manufactura

Las BRICS Juegan un Papel Determinante en la Evolución hacia la Industria 4.0

- **Robótica:** La robótica aplicada a la manufactura industrial es fundamental para aumentar la eficiencia, reducir costos y mejorar la calidad de la producción.

- **Interconexión:** Los sistemas de producción están cada vez más interconectados e inteligentes, utilizando el Internet de las Cosas (IoT) y otras tecnologías digitales para optimizar los procesos.

T. Comercio Electrónico y Digitalización

La Expansión del Comercio Electrónico y la Digitalización del Retail son Fenómenos Evidentes en los Países BRICS

- **Plataformas Digitales:** El comercio electrónico está creciendo de manera exponencial, y plataformas como Alibaba (China) se han convertido en gigantes globales en el ámbito de la venta minorista en línea.

- **Pagos Digitales:** La adopción de sistemas de pago digitales y criptográficos está cambiando el panorama financiero y minorista en los países BRICS.

U. Medio Ambiente y Tecnologías Verdes

La Sostenibilidad Ambiental a Través de la Innovación Tecnológica es otra Área Clave de Interés y Desarrollo

- **Energías Renovables:** La inversión y el desarrollo de tecnologías relacionadas con la energía renovable, como la solar y la eólica, son esenciales para un futuro energético sostenible.

- **Tecnologías para la Descarbonización:** Las tecnologías que contribuyen a la descarbonización de varios sectores industriales, incluyendo el CCS (Captura y Almacenamiento de Carbono) y soluciones para la economía circular, están ganando terreno.

La tecnología y la innovación en las naciones BRICS abarcan una amplia gama de sectores y aplicaciones. En cada área, estos países están explorando e implementando soluciones para abordar desafíos tanto nacionales como globales, a menudo a través de una combinación de iniciativas privadas y públicas. La amplitud y profundidad de la innovación y el desarrollo tecnológico dentro de las BRICS son extraordinarios y continuarán moldeando el futuro global de la innovación tecnológica de maneras significativas y, a veces, inesperadas. La colaboración entre estos países también podría acelerar el desarrollo y la adopción de nuevas tecnologías, creando nuevas oportunidades y, tal vez, nuevos desafíos en el camino.

V. Inteligencia Artificial y Big Data

Las BRICS También se Centran en el Desarrollo de la Inteligencia Artificial (IA) y las Tecnologías Relacionadas con el Big Data,

Considerando el Impacto Transformador de Estas Tecnologías en Varios Sectores

- **IA en la Industria:** En China, la IA se ha utilizado masivamente en la industria manufacturera para optimizar procesos y mejorar la calidad del producto, a través del monitoreo continuo y el análisis de datos de producción.

- **Sistemas de Recomendación:** En el comercio electrónico, los sistemas de recomendación basados en IA se utilizan para personalizar la experiencia de compra, analizando los datos de los usuarios y anticipando sus preferencias.

W. Espacio y Tecnología Aeroespacial

Las BRICS Tienen Ambiciosas Metas en el Desarrollo de Tecnologías Aeroespaciales y la Investigación Espacial

- **Misiones Espaciales:** China ha lanzado misiones espaciales que involucran la exploración de la Luna y Marte, mientras que India ha ganado reconocimiento por sus misiones de bajo costo.

- **Satélites:** El lanzamiento y uso de satélites para comunicaciones, meteorología y observación de la Tierra son aspectos cruciales de las políticas espaciales de estas naciones.

X. Ciberseguridad y Protección de Datos

La Creciente Digitalización ha Convertido la Ciberseguridad y la Protección de Datos en Prioridades Absolutas para las Naciones BRICS

- **Seguridad de Infraestructuras Críticas:** Asegurar que las infraestructuras críticas estén protegidas contra ataques cibernéticos es vital para la seguridad nacional y la economía de cada nación BRICS.

- **Protección de Datos Personales:** La protección de datos y la privacidad de los usuarios se han vuelto centrales, con países como India y Brasil implementando regulaciones para proteger la información de los ciudadanos.

Y. Nanotecnología y Materiales Avanzados

La Investigación y Desarrollo en el Campo de las Nanotecnologías y los Materiales Avanzados Ofrecen Enormes Potencialidades en Varios Sectores

- **Medicina:** Las nanotecnologías encuentran aplicaciones innovadoras en el campo médico, como terapias dirigidas y administración de medicamentos.

- **Electrónica:** Los materiales avanzados, como los semiconductores de próxima generación, están impulsando la innovación en electrónica y dispositivos inteligentes.

Z. Oceanografía y Tecnologías Marinas

La Exploración y la Explotación Sostenible de los Océanos son Vitales para el Desarrollo Futuro, Dadas las Enormes Recursos Disponibles en Términos de Biodiversidad y Minerales

- **Energía Marina:** La investigación en tecnologías para aprovechar la energía de las mareas y las olas es un área de interés particular para garantizar un futuro energético más sostenible.

- **Biología Marina:** La biotecnología marina, que explora el uso de organismos marinos para desarrollar nuevos medicamentos y materiales, es un sector en crecimiento.

Las naciones BRICS, a través de una combinación de iniciativas estatales, colaboraciones internacionales y la innovación impulsada por el sector privado, están ampliando gradualmente su impacto e influencia en tecnologías avanzadas e innovación. La creciente expansión en diferentes campos de la tecnología promete moldear el equilibrio global de poder tecnológico y podría revolucionar las formas en que se crea, comparte e implementa la tecnología a nivel mundial. En cualquier caso, el desafío continuo será equilibrar la innovación con las consideraciones éticas, legales y sociales emergentes en estos espacios en evolución.

Las naciones BRICS han centrado su atención en una amplia gama de sectores tecnológicos e innovadores para mantener su competitividad a escala global, desarrollando aún más varios aspectos de la tecnología y promoviendo la investigación y la innovación en diversas áreas.

AA. Tecnologías Ambientales y Sostenibilidad

- **Energías Renovables:** Los BRICS están invirtiendo ampliamente en energías renovables. China, por ejemplo, es uno de los principales productores mundiales de paneles solares. Por otro lado, India está buscando expandir su capacidad en energía eólica y solar, con el objetivo de convertirse en un actor clave en el campo de las energías renovables.

- **Vehículos Eléctricos:** En cuanto a la movilidad sostenible, la transición a vehículos eléctricos (VE) es otro sector en el que las naciones BRICS están invirtiendo, con esfuerzos particulares en la mejora de la infraestructura de carga y el desarrollo de baterías más eficientes.

BB. Biotecnología

- **Ingeniería Genética:** La biotecnología es un área clave de desarrollo para los BRICS. La ingeniería genética y las tecnologías CRISPR se utilizan en campos como la agricultura para el desarrollo de cultivos transgénicos resistentes a parásitos y enfermedades, y en medicina para la investigación de terapias génicas y personalizadas.

- **Biofarmacéutica:** El sector biofarmacéutico de los BRICS está experimentando un rápido crecimiento, con un aumento en la inversión en investigación y desarrollo para la producción de vacunas, terapias innovadoras y productos farmacéuticos biotecnológicos.

CC. Educación y Formación Tecnológica

- **Educación STEM:** La educación en campos de la ciencia, tecnología, ingeniería y matemáticas (STEM) se considera fundamental para alimentar la futura fuerza laboral de los BRICS y respaldar su ambición innovadora y tecnológica.

- **Formación Profesional:** También se enfatiza la formación profesional y el desarrollo de habilidades necesarias para trabajar en sectores tecnológicamente avanzados e industriales.

DD. Robótica y Automatización

- **Robótica Industrial:** Los BRICS están expandiendo el uso de la robótica en sectores manufactureros e industriales, automatizando procesos e implementando robots inteligentes en diversas líneas de producción y logística.

- **Robótica Médica:** El sector médico está experimentando la introducción de tecnologías robóticas, como robots quirúrgicos que asisten a los médicos durante las intervenciones o sistemas de atención al paciente automatizados.

EE. Internet de las Cosas (IoT)

- **Ciudades Inteligentes:** El IoT desempeña un papel central en el desarrollo de ciudades inteligentes en las naciones BRICS, donde sensores y dispositivos conectados se utilizan para mejorar la eficiencia de los servicios urbanos y la calidad de vida de los ciudadanos.

- **Industria 4.0:** El IoT también es una parte fundamental de la Industria 4.0, conectando maquinaria y dispositivos industriales y permitiendo una gestión y mantenimiento más eficiente de los equipos.

A medida que las naciones BRICS continúan explorando y desarrollando sus capacidades en estos sectores, es evidente que el contexto geopolítico, las colaboraciones internacionales, los acuerdos comerciales y los desarrollos tecnológicos globales tendrán un impacto significativo en la forma en que estas naciones navegan y dan forma al futuro de su paisaje tecnológico e innovador. La colaboración entre las naciones BRICS, junto con una consideración cuidadosa de las implicaciones éticas y sociales de las tecnologías emergentes, seguirá siendo vital para respaldar y orientar el desarrollo sostenible e inclusivo en el contexto de una sociedad globalizada e interconectada. El equilibrio entre el crecimiento, la innovación, la sostenibilidad y la inclusión representará un desafío fundamental en los próximos años, con los BRICS explorando diversas estrategias para lograr una transición justa y resistente hacia el futuro.

Conclusión: Tecnología e Innovación en las BRICS

Una Incubadora Global de Innovación

Las naciones BRICS, a través de su inversión continua y compromiso en varios campos de la tecnología y la innovación, se están configurando como impulsores en el panorama global de la tecnología. Estos países han demostrado un interés específico y una implementación estratégica en el campo de las tecnologías emergentes, asignando recursos significativos para convertirse en líderes en diversos sectores, como se evidencia en varios ejemplos en áreas como las tecnologías verdes, la biotecnología y la robótica.

Superando las Disparidades

A pesar de que las naciones BRICS están avanzando, existe una necesidad imperativa de abordar las disparidades existentes a nivel nacional e internacional. La brecha entre las áreas urbanas y rurales en términos de acceso a la tecnología, así como las diferencias en las capacidades de innovación entre las naciones BRICS, son cuestiones que requieren atención y acción. Por lo tanto, políticas inclusivas y esfuerzos coordinados son fundamentales para asegurar que los beneficios de la tecnología y la innovación se distribuyan de manera justa en todas las esferas de la sociedad.

Colaboraciones y Asociaciones

Las asociaciones, tanto a nivel nacional como internacional, son cruciales para el éxito de los BRICS en el campo tecnológico. Trabajar con diversas entidades, como empresas, universidades, institutos de investigación y otros países, es fundamental para ampliar el conjunto de conocimientos y habilidades. Las colaboraciones también pueden facilitar la transferencia de tecnología, la participación en proyectos de investigación conjunta y el acceso a mercados globales, todos elementos que pueden impulsar la innovación y la competitividad de los BRICS en el escenario mundial.

Desafíos Éticos y Normativos

Las implicaciones éticas y normativas de las nuevas tecnologías deben examinarse cuidadosamente y ser abordadas por las naciones BRICS. Temas como la privacidad, la seguridad de los datos y las implicaciones socioeconómicas de las tecnologías emergentes deben enfrentarse mediante regulaciones sólidas, diálogo público y, cuando sea necesario, colaboraciones internacionales para establecer normas globales.

Hacia un Futuro Sostenible e Innovador

Finalmente, mirando hacia el futuro, los BRICS, con su sustancial potencial de innovación y crecimiento, tienen la responsabilidad y la oportunidad de liderar al mundo hacia un futuro más sostenible y tecnológicamente avanzado. El compromiso con la creación de tecnologías que no solo impulsen el crecimiento económico, sino que también aborden cuestiones críticas como el cambio climático, la desigualdad y la seguridad, es esencial. Esto requerirá un enfoque equilibrado y multidimensional que coloque en primer plano la sostenibilidad, la equidad y la resiliencia, asegurando que las innovaciones tecnológicas beneficien no solo a las economías de los BRICS, sino a la sociedad en su conjunto.

En resumen, la tecnología y la innovación en las naciones BRICS no son solo motores de crecimiento económico y desarrollo, sino también un medio a través del cual estos países pueden lograr y contribuir a objetivos globales comunes, creando un futuro en el que la tecnología sea un bien compartido, accesible y beneficioso para todos.

8.Desarrollo Sostenible en las BRICS

Las naciones BRICS (Brasil, Rusia, India, China y Sudáfrica) desempeñan un papel crítico en la orientación del mundo hacia un camino de desarrollo sostenible. Cada una de estas naciones posee una riqueza de recursos y una población significativa, lo que implica que sus políticas y prácticas en términos de sostenibilidad tienen un impacto considerable a nivel global.

Brasil: Biodiversidad y Energía Renovable

Brasil, gracias a su amplia biodiversidad y vastos ecosistemas, ha puesto énfasis en la conservación de la biodiversidad y el uso sostenible de los recursos.

También ha promovido la energía renovable, especialmente la energía hidroeléctrica y la producción de biocombustibles, mientras enfrenta desafíos relacionados con la deforestación y la protección de las tierras indígenas.

Rusia: Gestión de Recursos Naturales y Conservación

Rusia, con sus vastas reservas de gas natural y petróleo, ha enfrentado desafíos para equilibrar la explotación de estos recursos con objetivos de preservación ambiental. La atención a la conservación de su vasta naturaleza salvaje y la gestión sostenible de sus recursos naturales son cuestiones clave en sus políticas de desarrollo sostenible.

India: Crecimiento Inclusivo y Soluciones Verdes

India se ha centrado en un crecimiento inclusivo, buscando equilibrar el rápido desarrollo económico con la necesidad de garantizar equidad y sostenibilidad. La promoción de tecnologías verdes, la mejora de la eficiencia energética y la reducción de la pobreza son algunos de los objetivos principales de sus políticas de desarrollo sostenible.

China: Industrialización Verde e Innovación

China ha explorado vías de industrialización verde, centrándose en tecnologías limpias y prácticas de producción sostenible para reducir el impacto ambiental de su masiva producción industrial. La innovación en tecnologías ambientales y el desarrollo de ciudades ecológicas son parte integral de su estrategia hacia la sostenibilidad.

Sudáfrica: Reducción de Desigualdades y Protección Ambiental

Sudáfrica ha enfocado sus esfuerzos en la reducción de desigualdades y la protección del medio ambiente. El equilibrio entre la industrialización y la protección de su rica biodiversidad y ecosistemas es un elemento crucial de sus políticas.

Colaboraciones y Desafíos Comunes

Las naciones BRICS, a pesar de tener enfoques distintos hacia el desarrollo sostenible, comparten desafíos comunes y han establecido colaboraciones a través de diversos foros y plataformas. Esto incluye el diálogo sobre cuestiones como el cambio climático, la gestión de los recursos naturales y la promoción de la energía limpia. La cooperación y el intercambio de conocimientos entre estas naciones son esenciales para guiar acciones colectivas y respaldar los esfuerzos individuales hacia la sostenibilidad.

Consideraciones Finales

Las BRICS, como potencias emergentes, tienen la oportunidad y la responsabilidad de dar forma a un camino de desarrollo que no solo satisfaga las necesidades inmediatas de sus ciudadanos, sino que también proteja el futuro del planeta. Las políticas y prácticas adoptadas por estas naciones influirán significativamente en la capacidad del mundo para alcanzar los Objetivos de Desarrollo Sostenible (ODS) de las Naciones Unidas y avanzar hacia un futuro más justo y sostenible. La integración de estrategias económicas, sociales y ambientales, a través de políticas nacionales y colaboraciones internacionales, será crucial para definir el éxito de las BRICS en el ámbito del desarrollo sostenible.

El tema del desarrollo sostenible en las naciones BRICS sigue siendo particularmente relevante en el contexto global, dada la gran influencia que estos países tienen en la escena internacional en términos económicos, sociales y ambientales. A pesar de haber proporcionado una descripción general de cómo cada nación aborda este tema, se puede profundizar aún más explorando diversos aspectos y facetas.

Los desafíos relacionados con el desarrollo sostenible para las naciones BRICS son muy variados y se derivan de los contextos geográficos, culturales, económicos y sociales únicos de cada una de ellas. Por ejemplo, cada una de las naciones BRICS tiene una demografía y un perfil socioeconómico diferentes que influyen en los patrones de consumo, la demanda de energía y recursos, y la capacidad para mitigar y adaptarse al cambio climático.

Al mismo tiempo, las BRICS también son algunos de los principales emisores globales de gases de efecto invernadero, con China e India entre los principales emisores a nivel mundial. La implicación de esto en la necesidad de desarrollar y aplicar tecnologías y prácticas sostenibles es enorme, tanto a nivel nacional como por su impacto a nivel global.

También es interesante explorar cómo las políticas de desarrollo sostenible son influenciadas y, a su vez, influyen en las dinámicas políticas internas y externas. La necesidad de garantizar la seguridad energética, por ejemplo, puede impulsar inversiones en energías renovables, pero también en soluciones basadas en combustibles fósiles.

El dilema entre la promoción del crecimiento económico y la protección del medio ambiente es una tensión persistente en las políticas de desarrollo sostenible. Los esfuerzos para estimular la economía a menudo pueden entrar en conflicto con los objetivos de sostenibilidad, y encontrar un equilibrio entre estas dos necesidades requiere habilidad política y voluntad.

Por otro lado, la sostenibilidad ambiental también puede ofrecer oportunidades económicas. Por ejemplo, la industria de las energías renovables, que incluye la producción de energía solar, eólica y de otras fuentes renovables, tiene el potencial de crear empleos y estimular el crecimiento económico mientras aborda simultáneamente la crisis climática.

Los modelos de urbanización y la expansión de las ciudades en las naciones BRICS representan otra área crucial para el desarrollo sostenible. La urbanización rápida y a menudo no planificada puede plantear desafíos significativos en términos de gestión de residuos, contaminación del aire y del agua, y otros problemas ambientales. Al mismo tiempo, las ciudades son vectores de innovación y desarrollo económico, y su papel en la formación de un futuro sostenible no puede subestimarse.

Nel contesto globale, le BRICS svolgono un ruolo chiave nel definire l'agenda dello sviluppo sostenibile, influenzando non solo le traiettorie di sviluppo dei propri paesi ma anche le dinamiche internazionali relative al cambiamento climatico, alla biodiversità e ad altre questioni ambientali chiave. Pertanto, l'intersezione tra politiche nazionali e azioni a livello internazionale diventa un ambito rilevante da esplorare ulteriormente.

Análisis de Desarrollo Sostenible en las BRICS

El análisis de las políticas, programas e iniciativas específicas implementadas en las naciones BRICS para promover el desarrollo sostenible puede ofrecer ideas sobre cómo las lecciones aprendidas y las mejores prácticas pueden compartirse y adaptarse en diferentes contextos nacionales y regionales. Esto, a su vez, puede enriquecer el debate y la práctica del desarrollo sostenible a nivel global, contribuyendo a dar forma a un futuro que equilibre las necesidades de la economía, la sociedad y el medio ambiente de manera justa y resiliente. Este análisis puede profundizarse aún más explorando diversos aspectos y facetas de cada práctica y política, todo dentro del contexto de una visión holística e integrada del desarrollo sostenible.

Profundizando aún más en el tema del desarrollo sostenible entre las naciones BRICS, exploramos cómo cada nación maneja el dilema entre el desarrollo económico y la protección ambiental mediante el uso de diversas estrategias y métodos.

Por ejemplo, las BRICS están aumentando gradualmente sus inversiones en el sector de las energías renovables. China, por ejemplo, se ha convertido en uno de los principales productores y consumidores de energía solar en el mundo, mientras que India ha lanzado ambiciosos proyectos de energía eólica y solar para reducir la dependencia de los combustibles fósiles. Rusia, con abundantes recursos energéticos, está implementando políticas para diversificar gradualmente las fuentes de energía e integrar la energía renovable en su mezcla energética nacional. Estas inversiones no solo están motivadas por la necesidad de reducir las emisiones de gases de efecto invernadero, sino también por el deseo de respaldar el crecimiento económico a través del desarrollo de nuevos sectores industriales.

Las infraestructuras sostenibles representan otro sector clave en el que las naciones BRICS están tratando de combinar desarrollo y sostenibilidad. Esto implica la creación de ciudades más sostenibles mediante la planificación urbana, la construcción de edificios energéticamente eficientes y el desarrollo de sistemas de transporte público con bajas emisiones de carbono. Esto representa una oportunidad tanto para mejorar la calidad de vida de los ciudadanos como para estimular la innovación y la creación de empleos.

La sostenibilidad de las cadenas de producción es otro aspecto fundamental que las naciones BRICS están explorando. La promoción de prácticas agrícolas sostenibles, la gestión responsable de los recursos naturales y la implementación de estrategias para una producción y un consumo responsables son cruciales para garantizar que el desarrollo económico no se realice a expensas del medio ambiente y las comunidades locales.

Además, las naciones BRICS están desarrollando diversas políticas e instrumentos financieros para respaldar la transición hacia una economía más verde y resistente. Esto incluye el uso de incentivos fiscales para estimular las inversiones en sectores sostenibles, la creación de fondos para apoyar proyectos de conservación ambiental y la promoción de la inversión socialmente responsable.

En una perspectiva a largo plazo, la educación y la formación desempeñan un papel fundamental en la promoción de la sostenibilidad dentro de las naciones BRICS. La integración de la sostenibilidad en los planes de estudio, la promoción de la investigación y la innovación en campos relacionados con el desarrollo sostenible, y la capacitación en habilidades y competencias en el mercado laboral para respaldar la transición hacia sectores más verdes son todas estrategias que se están persiguiendo.

El acceso equitativo y sostenible a los recursos, en particular al agua y la energía, representa un desafío significativo en las naciones BRICS, que se caracterizan por enormes desigualdades socioeconómicas. La creación de sistemas que garanticen el acceso universal a servicios y recursos básicos, de manera sostenible y justa, es fundamental para asegurar que el desarrollo sostenible beneficie a todos los ciudadanos.

Al mismo tiempo, los países BRICS también están activamente comprometidos en foros internacionales relacionados con el desarrollo sostenible, como la Agenda 2030 de las Naciones Unidas y el Acuerdo de París sobre el cambio climático. En estos contextos, actúan tanto como representantes de sus propios intereses nacionales como voces influyentes de los países en desarrollo en general.

Por último, las cuestiones de gobernanza, transparencia y participación pública también son vitales cuando se trata de desarrollo sostenible en las BRICS. La participación de todas las partes interesadas, incluido el sector privado, la sociedad civil y las comunidades locales, es esencial para crear soluciones sostenibles e inclusivas arraigadas en las necesidades y aspiraciones de las personas.

Estas reflexiones representan solo algunas de las muchas facetas del desarrollo sostenible en las naciones BRICS, y se pueden seguir profundizando en cada uno de estos aspectos a través de un análisis detallado y específico, evaluando las políticas, estrategias e iniciativas implementadas, así como los desafíos y oportunidades que surgen en cada contexto nacional y regional.

En resumen, las políticas y prácticas de desarrollo sostenible adoptadas por las naciones BRICS son una pieza fundamental en el mosaico de su desarrollo económico y social, ya que abordan simultáneamente cuestiones ambientales, económicas y sociales. Por un lado, el desafío principal para estos países es equilibrar la urgente necesidad de desarrollo socioeconómico, que incluye la industrialización, la urbanización y el crecimiento económico, con la protección del medio ambiente y el uso responsable de los recursos naturales.

Los BRICS, con sus economías y poblaciones en crecimiento, tienen un impacto significativo en el clima y el medio ambiente a nivel mundial, pero también están experimentando de primera mano los efectos del cambio climático y la degradación ambiental. Por ejemplo, los problemas relacionados con la calidad del aire, la gestión de los recursos hídricos y la pérdida de biodiversidad son solo algunas de las cuestiones cruciales que deben abordarse y que requieren soluciones ingeniosas y sostenibles.

Mientras cada nación de las BRICS enfrenta desafíos únicos en términos de desarrollo sostenible, todas comparten la aspiración común de promover un desarrollo que no solo satisfaga las necesidades actuales, sino que también asegure la estabilidad y la prosperidad de las generaciones futuras. En este contexto, el concepto de desarrollo sostenible se traduce en políticas nacionales y estrategias de implementación que buscan equilibrar objetivos a

veces contradictorios, al mismo tiempo que garantizan
una distribución justa de las oportunidades y los
beneficios del desarrollo.

Los esfuerzos realizados por los países BRICS para
promover el desarrollo sostenible a través de la
transición energética, la innovación tecnológica, la
gestión sostenible de los recursos naturales y la
promoción de la equidad social son particularmente
relevantes en el contexto global. Sus iniciativas no solo
influyen en las trayectorias de desarrollo dentro de sus
propias fronteras, sino que también moldean la
gobernanza ambiental y el desarrollo sostenible a nivel
mundial.

Otro aspecto importante que surge es la importancia de
la cooperación tanto a nivel intrarregional como
internacional. La cooperación entre los países BRICS,
así como entre los BRICS y otras naciones y regiones,
es esencial para compartir conocimientos, experiencias
y mejores prácticas en relación con el desarrollo
sostenible. Este intercambio mutuo no solo fortalece la
capacidad de cada nación para perseguir objetivos de
desarrollo sostenible, sino que también contribuye a la
construcción de un orden internacional más justo y
sostenible.

En conclusión, el camino que las naciones BRICS
deben seguir para garantizar un desarrollo sostenible
requerirá un compromiso constante, estrategias bien

pensadas y una firme voluntad política. El papel de las BRICS en el escenario global, sus desafíos y oportunidades internos, y la interconexión entre las cuestiones de desarrollo sostenible y otros ámbitos, como la seguridad, la tecnología y la salud, hacen que su gestión de políticas y prácticas de desarrollo sostenible sea un tema de relevancia mundial que sin duda influirá en las dinámicas económicas, sociales y ambientales del siglo XXI.

9. Desigualdades y Disparidades • Examen de las desigualdades y disparidades dentro y entre los países BRICS.

Las desigualdades y disparidades, tanto dentro como entre los países BRICS (Brasil, Rusia, India, China y Sudáfrica), representan una cuestión crítica que intersecta varios aspectos del desarrollo social, económico y político.

Desigualdades Internas:

1. **Económicas:** Existe una visible disparidad de ingresos y riqueza dentro de estos países. La distribución de la riqueza está fuertemente desequilibrada, con minorías ricas que poseen una parte significativa de los recursos nacionales.

2. **Sociales:** Las desigualdades sociales se manifiestan de diversas formas, como el acceso limitado a la atención médica, la educación y otros recursos y oportunidades esenciales para ciertos segmentos de la población.

3. **De Género:** En varios países BRICS, las mujeres y las niñas enfrentan desigualdades sustanciales en términos de acceso a la educación, oportunidades laborales, representación política y control de recursos.

4. **Étnicas y Culturales:** También existen notables desigualdades entre diferentes grupos étnicos y culturales, que afectan tanto las oportunidades económicas como el acceso a derechos y oportunidades.

Disparidades entre los países BRICS:

1. **Desarrollo Económico:** A pesar de que todos son considerados economías emergentes, existen diferencias significativas en términos de PIB, tamaño de la economía y capacidad productiva entre los países BRICS.

2. **Estructuras Políticas:** Cada país BRICS tiene su propia estructura política y gubernamental distinta, lo que se traduce en diferentes capacidades de respuesta y enfoques para abordar cuestiones de desigualdad.

3. **Políticas Sociales:** Hay diferencias sustanciales en términos de políticas sociales, incluidos los sistemas de bienestar social y protección social.

4. **Gestión Ambiental:** Los países BRICS muestran una variedad de enfoques y capacidades en la gestión de cuestiones ambientales y desafíos climáticos.

Por ejemplo, India enfrenta desafíos colosales relacionados con las desigualdades de casta y religión, mientras que Brasil lucha contra desigualdades económicas y la violencia. Rusia enfrenta crecientes desigualdades económicas y una concentración de riqueza entre una élite reducida. China tiene una notable disparidad regional en términos de desarrollo económico entre las áreas costeras y las internas. Sudáfrica, por otro lado, tiene una de las desigualdades de ingresos más altas del mundo, relacionadas tanto con factores históricos como con desafíos actuales.

Desde una perspectiva entre países, China domina en términos de tamaño económico e influencia global, mientras que países como Sudáfrica enfrentan desafíos más acentuados en cuanto a estabilidad económica y crecimiento. India es notable por su demografía y la magnitud de sus desafíos de desarrollo. Rusia desempeña un papel clave a nivel geopolítico, pero enfrenta problemas económicos y demográficos. Brasil,

afectado por la inestabilidad política y problemas
sociales, continúa su lucha por la justicia social y la
estabilidad económica.

Abordar estas desigualdades y disparidades requiere
atención conjunta a políticas internas equitativas y a la
cooperación y solidaridad internacionales, de modo
que los países BRICS puedan aprender mutuamente y
apoyarse en el camino hacia un desarrollo más
inclusivo y sostenible.

Dentro del discurso sobre las desigualdades y
disparidades en los países BRICS, es esencial explorar
en profundidad también las matrices socio-culturales,
la dinámica demográfica, las perspectivas futuras y la
geopolítica de cada nación y del bloque en su conjunto.

**Dinámicas Demográficas y Perspectivas
Futuras:**

La demografía desempeña un papel fundamental en las
disparidades entre los países BRICS. En India, por
ejemplo, una población joven pero con un alto
porcentaje de personas sin acceso a educación y
atención médica de calidad plantea un desafío
significativo para realizar su potencial demográfico.
China, por otro lado, está enfrentando un
envejecimiento de la población que podría afectar su
crecimiento económico y su sostenibilidad social.
Brasil y Sudáfrica enfrentan una presión demográfica
diferente, con la necesidad de crear oportunidades

para una fuerza laboral joven en crecimiento. Rusia, con una demografía que tiende hacia el envejecimiento de la población y una población activa en disminución, tiene sus propios desafíos únicos en términos de sostenibilidad del desarrollo.

Geopolítica e Influencias Externas:

La posición geopolítica y la historia de cada país BRICS influyen enormemente en sus trayectorias de desarrollo y en las desigualdades relativas. Por ejemplo, las sanciones económicas a las que Rusia ha sido sometida han tenido un impacto en varios sectores de su sistema económico y social. China se encuentra actualmente en el centro de numerosas tensiones geopolíticas, y cómo estas podrían influir en su economía y sociedad es una cuestión crítica. India, al estar en una región con diversas tensiones transfronterizas, debe equilibrar sus prioridades de desarrollo con necesidades estratégicas y de seguridad.

Desafíos Globales Emergentes:

Los desafíos globales emergentes, como el cambio climático, las pandemias y la digitalización, plantean nuevas cuestiones sobre las desigualdades. Por ejemplo, si bien la digitalización ofrece oportunidades para el desarrollo económico y social, también puede exacerbar las desigualdades existentes, tanto dentro como entre los países. La crisis de salud global relacionada con COVID-19 ha revelado y intensificado las disparidades existentes, poniendo al descubierto las debilidades de los sistemas de salud y las redes de seguridad social.

Las Políticas y la Cooperación Internacional:

La creación de políticas que apunten específicamente a reducir las desigualdades es esencial. Esto incluye políticas que buscan reducir la desigualdad de ingresos, mejorar el acceso a la educación y la atención médica, y promover la igualdad de género. Además, aunque cada país BRICS tiene su propia matriz de desigualdad única, hay lecciones y prácticas que pueden compartir entre ellos, creando un marco para la cooperación Sur-Sur.

Desarrollo Urbano y Rural:

La disparidad en el desarrollo urbano y rural es otro factor crucial al explorar las desigualdades. Mientras algunas áreas urbanas dentro de los países BRICS experimentan un rápido desarrollo y modernización, muchas áreas rurales quedan rezagadas, creando una brecha en el bienestar y las oportunidades disponibles para las personas en estas diversas regiones.

Inversiones y Flujos de Capital:

El análisis de las desigualdades y disparidades en los países BRICS no puede prescindir de una evaluación de las inversiones y flujos de capital. Las inversiones extranjeras directas (IED) y los flujos de capital dentro de los países BRICS destacan desigualdades significativas. Algunas regiones y sectores atraen inversiones considerablemente, mientras que otros son descuidados, contribuyendo a crear y perpetuar disparidades. China, por ejemplo, ha atraído IED significativas, convirtiéndose en un centro global de producción manufacturera. Sin embargo, esto también ha causado graves disparidades regionales, con las zonas costeras prosperando mucho más que las regiones interiores.

Políticas Fiscales y Desigualdades:

Las políticas fiscales, es decir, cómo los gobiernos recaudan y gastan recursos, desempeñan un papel fundamental en la determinación de los niveles de desigualdad dentro de un país. Por ejemplo, en Brasil, a pesar de una serie de políticas sociales, las disparidades siguen siendo muy visibles debido a las persistentes injusticias en el sistema fiscal y en las estructuras de gasto, que a menudo benefician a las élites en lugar de a los grupos sociales más vulnerables.

Sistemas Educativos y Disparidades:

El acceso y la calidad de la educación son otros aspectos cruciales de las desigualdades entre y dentro de los países BRICS. En India, por ejemplo, el acceso a la educación superior está fuertemente polarizado a lo largo de líneas socioeconómicas y geográficas, lo que contribuye a perpetuar ciclos intergeneracionales de pobreza y desigualdad. Las políticas educativas que no llegan a los segmentos más desfavorecidos de la sociedad contribuyen a crear un ciclo de desigualdad difícil de romper.

Desigualdad de Género e Inclusión Social:

La desigualdad de género es una cuestión apremiante en los países BRICS. A pesar de los avances, las mujeres en los países BRICS a menudo enfrentan barreras sustanciales en términos de acceso al trabajo, igualdad salarial y representación en posiciones de liderazgo. Sudáfrica, por ejemplo, ha trabajado activamente para mejorar la igualdad de género a través de diversas leyes e iniciativas, pero siguen existiendo desafíos significativos relacionados con problemas estructurales y culturales.

Integración Regional y Conectividad:

La integración regional y la conectividad entre diferentes partes de los países BRICS muestran disparidades en términos de desarrollo y oportunidades. En naciones de gran extensión como Rusia, la desigualdad regional es notable, y la equidad en el acceso a oportunidades, servicios e infraestructura entre las diversas regiones sigue siendo un problema persistente que alimenta las desigualdades socioeconómicas.

Políticas Ambientales y Desarrollo Sostenible:

El enfoque hacia el desarrollo sostenible y las políticas ambientales dentro de los países BRICS refleja otro espectro de desigualdades. Países como China han experimentado un significativo deterioro ambiental como resultado directo de la rápida industrialización, lo que ha tenido un impacto desproporcionado en las poblaciones vulnerables que a menudo viven en áreas con altos niveles de contaminación.

Movilidad Social y Empleo:

La movilidad social, es decir, la capacidad de las personas para mejorar su estatus socioeconómico, está estrechamente relacionada con las oportunidades de empleo y educación. En los países BRICS, la movilidad social varía considerablemente, y en algunos casos, como en Brasil, existen barreras significativas que impiden a las personas avanzar económicamente y socialmente, reforzando los ciclos de pobreza y desigualdad.

Conflictos y Desigualdades:

La presencia de conflictos, tanto internos como con naciones vecinas, influye en gran medida en las desigualdades dentro de los países BRICS. Por ejemplo, en India, el conflicto prolongado en regiones como Jammu y Cachemira ha alimentado disparidades y desigualdades no solo a nivel regional, sino que también ha influido en las políticas y prioridades a nivel nacional.

Conclusiones Preliminares:

Aunque cada país BRICS enfrenta sus desafíos únicos en términos de desigualdades y disparidades, existen temas comunes y compartidos que surgen en todo el bloque, incluidas las disparidades regionales, la desigualdad de género y las desigualdades en el acceso a servicios fundamentales como educación y atención médica. Estos elementos son esenciales para desarrollar una comprensión integral de las desigualdades y disparidades en los BRICS y requieren un análisis y consideraciones más detalladas en los discursos políticos y académicos.

Desigualdades y Disparidades en los Países BRICS: Conclusión:

Los países BRICS, a pesar de compartir algunas tendencias de crecimiento y desarrollo, presentan una complejidad significativa en términos de desigualdades sociales, económicas y ambientales. Las realidades de Brasil, Rusia, India, China y Sudáfrica se entrecruzan y difieren en múltiples niveles, abarcando aspectos socioeconómicos, de género, ambientales e integración regional.

Desigualdades Socioeconómicas y Movilidad Social:

Las desigualdades socioeconómicas en los países BRICS están entrelazadas con la movilidad social. Las barreras estructurales para la educación, el acceso a oportunidades laborales calificadas y servicios de salud de calidad obstaculizan la movilidad social, manteniendo las disparidades existentes. La consolidación de una élite económica a expensas de las masas empobrecidas eleva aún más estas desigualdades. El tema de la distribución de la riqueza y el acceso a oportunidades se vuelve central, y las políticas para combatir la creciente brecha entre ricos y pobres se vuelven indispensables para un futuro sostenible y equitativo.

Género y Desigualdad La desigualdad de género continúa permeando las sociedades BRICS a pesar de los esfuerzos políticos y sociales. La discriminación de género se manifiesta en áreas como salarios, empleo, educación y representación política. Abordar estos problemas no solo es imperativo desde una perspectiva de derechos humanos, sino que también es esencial para el progreso socioeconómico, ya que el empoderamiento de las mujeres está estrechamente relacionado con el desarrollo sostenible.

Desigualdades Regionales Las disparidades regionales, especialmente en países de gran tamaño como Rusia y

China, son significativas. Las regiones centrales y costeras, que a menudo están más desarrolladas, contrastan con las áreas internas y periféricas, que luchan con infraestructuras inadecuadas, oportunidades limitadas y desafíos para el desarrollo. Estas desigualdades geográficas requieren estrategias específicas para equilibrar el desarrollo y garantizar que los recursos y oportunidades se distribuyan de manera más equitativa.

Medio Ambiente y Desarrollo Sostenible El diálogo entre desarrollo y protección ambiental se entrelaza con las desigualdades, donde a menudo las comunidades más pobres soportan el peso de la degradación ambiental. Las políticas ambientales de los países BRICS deben considerar cómo las estrategias de sostenibilidad pueden ser inclusivas y no generar más disparidades.

Herramientas y Estrategias para el Cambio Para revertir la trayectoria de las desigualdades y disparidades en los países BRICS, se vuelve fundamental la creación e implementación de políticas inclusivas. Esto requiere una combinación de políticas fiscales proactivas, inversiones en educación y salud, estrategias de desarrollo regional y programas de empoderamiento de género. Además, el diálogo continuo entre los países BRICS para compartir conocimientos y mejores prácticas podría servir como catalizador para desarrollar soluciones innovadoras y colaborativas para abordar estos desafíos comunes.

Hacia un Futuro más Justo y Sostenible El camino hacia un futuro más justo para los países BRICS es sin duda difícil y requiere un compromiso concertado por parte de los gobiernos, el sector privado y la sociedad civil. Abordar las desigualdades y disparidades implica la construcción de un tejido social y económico más resistente e integrado, donde los beneficios del desarrollo se compartan de manera más amplia y donde cada ciudadano tenga la oportunidad de alcanzar su propio potencial.

En esta perspectiva, las lecciones aprendidas de cada país BRICS deberían iluminar el camino hacia estrategias más inclusivas y justas, garantizando que el desarrollo futuro no solo sea económicamente vigoroso, sino también equitativamente distribuido en todos los sectores de la sociedad.

10. Conflictos y Cooperación entre los Miembros de los BRICS

1. Panorama General: Los países BRICS (Brasil, Rusia, India, China y Sudáfrica) han representado una entidad significativa en la política y la economía global. Aunque unidos por intereses comunes, como el desarrollo económico y la reforma de las instituciones financieras internacionales, muestran una serie de divergencias y conflictos que coexisten con áreas de cooperación.

2. Conflictos Evidentes entre los Miembros de los BRICS:

a. Divergencias Económicas y Comerciales: China e India han experimentado tensiones comerciales relacionadas con desigualdades en el comercio y barreras arancelarias. Brasil también ha expresado preocupaciones sobre las prácticas comerciales chinas y la competencia en el sector agrícola.

b. Conflictos Territoriales: El conflicto territorial más evidente dentro de los BRICS es el que involucra a India y China, especialmente a lo largo de su extensa frontera montañosa, con disputas históricas y recientes escaramuzas militares.

c. Divergencias Ideológicas y Políticas: Las divergencias políticas e ideológicas entre los miembros, como las diferencias entre la democracia parlamentaria de India y el sistema más centralizado de China, han generado fricciones y desalineamientos en la política exterior y doméstica.

3. Áreas de Cooperación:

a. Cooperación Económica: A pesar de los conflictos, los miembros de los BRICS han identificado y buscado áreas de colaboración económica, como el Nuevo Banco de Desarrollo, establecido para financiar proyectos de desarrollo sostenible e infraestructura en los países BRICS y otras economías emergentes.

b. Seguridad y Política: Los BRICS trabajan juntos en cuestiones de seguridad y política en algunos foros internacionales, tratando de consolidar su peso e influencia en el sistema internacional y promoviendo la reforma de instituciones globales como el FMI y el Banco Mundial.

c. Intercambio Cultural y Educativo: Los países han promovido iniciativas para intensificar el intercambio cultural y educativo con el fin de construir puentes y fomentar la comprensión mutua entre los pueblos de los BRICS.

4. Un Delicado Equilibrio entre Conflicto y Cooperación: La relación entre los países BRICS es un delicado equilibrio entre cooperación y competencia. Por un lado, existe una voluntad común de colaborar en áreas de interés mutuo; por otro lado, las rivalidades y conflictos, tanto históricos como actuales, representan obstáculos significativos para aprovechar al máximo el potencial del grupo.

Las cuestiones de seguridad, comercio e influencia global son áreas particularmente sensibles. Por ejemplo, la creciente presencia global de China, tanto en términos económicos como militares, es vista con sospecha por otros miembros, especialmente India, lo que alimenta tensiones y desconfianza.

5. Hacia un Futuro de Mayor Colaboración: El desafío para los BRICS en el futuro próximo será navegar por estas aguas tumultuosas, tratando de minimizar los conflictos y maximizar las áreas de cooperación. Esto podría requerir compromisos, flexibilidad y un renovado compromiso con el diálogo y la comprensión mutua.

A largo plazo, la capacidad de los BRICS para superar las diferencias y centrarse en objetivos e intereses compartidos determinará el éxito y la influencia del grupo en el escenario mundial. En un mundo cada vez más multipolar e interconectado, la cooperación multilateral entre países con recursos e influencias significativas, como los BRICS, será fundamental para abordar los desafíos globales que se avecinan.

Las dinámicas de conflicto y cooperación dentro de los BRICS también se entrelazan y se desarrollan en relación con influencias externas y dinámicas globales. La fragmentación y sinergias entre estos estados emergentes están en constante evolución, reflejando tanto las tensiones como los intereses comunes que moldean sus interacciones.

Por ejemplo, la guerra comercial entre China y Estados Unidos, que alcanzó su punto máximo en 2018-2019, tuvo implicaciones para todas las economías BRICS. China, en particular, buscó diversificar sus socios comerciales e invertir en nuevos mercados, una medida que tuvo repercusiones tanto competitivas como colaborativas para Brasil, Rusia, India y Sudáfrica. Mientras estas naciones podrían beneficiarse de la reorganización de las rutas comerciales y de producción, también surgen nuevas tensiones en términos de superávit y déficit comerciales, así como en relación con el crecimiento de ciertos sectores productivos.

La esfera digital también emerge como un campo dinámico de cooperación y rivalidad. Por ejemplo, China ha respaldado a India en el desarrollo de infraestructuras digitales a través de inversiones directas en startups y tecnologías emergentes. Sin embargo, las preocupaciones sobre seguridad nacional, privacidad de datos y propiedad intelectual siguen siendo fuentes de tensión entre los dos países, tensiones que se extienden y repercuten en sus interacciones con Brasil, Rusia y Sudáfrica.

Paralelamente, la transición energética global y el compromiso con una mayor sostenibilidad están creando nuevas dinámicas entre los miembros de los BRICS. China, por ejemplo, ha asumido compromisos significativos hacia la neutralidad de carbono, mientras que India está invirtiendo masivamente en energía solar. Rusia, por su parte, aunque mantiene un papel predominante como exportador de gas y petróleo, también está explorando posibilidades en el campo de las energías renovables. Estos desarrollos generan escenarios cooperativos en los cuales los países BRICS pueden compartir tecnologías y experiencia, pero también posibles conflictos en términos de mercados energéticos, inversiones y políticas ambientales.

Además, los BRICS como entidad también buscan establecer un contrapeso a la influencia occidental en términos de gobernanza económica global y, para lograrlo, necesitan fortalecer su cohesión interna, promoviendo diálogos e iniciativas conjuntas, aunque las divergencias políticas y económicas sigan siendo evidentes. Esto a menudo se manifiesta en foros multilaterales, donde los países BRICS presentan frentes unidos en cuestiones clave como la reforma institucional y la promoción de una mayor equidad en la distribución del poder a nivel global. Sin embargo, la relación entre los países BRICS no puede entenderse completamente sin tener en cuenta el contexto socio-político interno de cada miembro. El crecimiento económico, la expansión de la clase media, las desigualdades y la estabilidad política interna de cada nación influyen significativamente en las direcciones de las políticas exteriores y las posiciones adoptadas hacia los demás miembros de los BRICS y, en general, en el panorama internacional. El futuro de los BRICS y su impacto en el sistema internacional seguirán siendo moldeados por una compleja matriz de conflictos y cooperación, cruzando áreas como el comercio, la seguridad, la tecnología y la sostenibilidad, y será esencial monitorear cómo evolucionan estos dinamismos en el contexto de un orden mundial en transformación y desafíos globales cada vez más apremiantes.

Los BRICS, mientras intentan navegar por las complejas desafíos globales, están constantemente buscando estrategias que puedan equilibrar la cooperación y la competencia en un entorno internacional en constante evolución. La rivalidad y la solidaridad dentro del grupo emergen no solo en términos económicos, sino también en cuestiones de seguridad y geopolítica, lo que hace que su camino cooperativo sea tanto fértil como complejo. Una lente particularmente interesante a través de la cual explorar aún más estos temas es la geopolítica de las vacunas contra el COVID-19. La pandemia representó un desafío sin precedentes para la cooperación internacional y exacerbó y destacó algunas de las tensiones existentes entre y dentro de los BRICS. Por ejemplo, India y Sudáfrica lideraron los esfuerzos a nivel mundial para liberar las patentes de las vacunas contra el COVID-19, proponiendo una exención en la Organización Mundial del Comercio (OMC) para facilitar la producción de vacunas en países en desarrollo. Esta posición iluminó no solo las dinámicas Norte-Sur en la producción y distribución de vacunas, sino que también resaltó la aspiración de los BRICS de moldear las normas y prácticas globales de manera más justa y favorable para los países emergentes y en desarrollo. Además, el creciente nacionalismo de las vacunas ha sido otro punto de tensión, con países como China y Rusia utilizando la "diplomacia de las vacunas" como herramienta para expandir su influencia en regiones clave como África y América Latina. Esto ha planteado preguntas sobre cómo los países BRICS pueden equilibrar los intereses nacionales con los colectivos, especialmente cuando se trata de abordar desafíos globales que requieren respuestas coordinadas y solidarias. Además, el camino de los BRICS en el escenario internacional también está influenciado por las infraestructuras de cooperación dentro del grupo. El Banco de Desarrollo de los BRICS (NDB), por ejemplo, se configura como una herramienta crucial para financiar proyectos de infraestructura en los países miembros y ofrecer una alternativa a los mecanismos de préstamo occidentales. Sin embargo, el NDB también debe navegar por las tensiones y los intereses divergentes de sus miembros, tratando de equilibrar la necesidad de financiar proyectos que sean económicamente sostenibles y geopolíticamente aceptables para todos los países BRICS. La expansión de las tecnologías 5G representa otro campo de posible cooperación y conflicto entre los países BRICS. China, a través de gigantes tecnológicos como Huawei, ha avanzado significativamente en el desarrollo y despliegue de la tecnología 5G, posicionándose como líder global. Sin embargo, preocupaciones relacionadas con la seguridad y la privacidad de los datos, especialmente por parte de India, destacan cómo los BRICS pueden encontrarse siendo tanto socios como rivales en el tablero de juego de la tecnología global. La intersección de estos y muchos otros temas, desde la ciberseguridad hasta la inteligencia artificial, desde la cooperación espacial hasta la gestión de recursos naturales, delineará la trayectoria futura de los BRICS en el contexto internacional, moldeando su capacidad para operar tanto como bloques cooperativos como naciones rivales, cada una con su propia agenda y prioridades geopolíticas y geo-económicas. La exploración continua de estas dinámicas es esencial para comprender las posibles trayectorias futuras de las relaciones internacionales y la configuración del poder global en la era contemporánea. Profundizando aún más en las sutilezas de las relaciones intra-BRICS, podríamos notar cómo la interacción entre estos estados revela una mezcla emocionante de expectativas, aspiraciones y precaución. Aunque las relaciones económicas entre estos países a menudo captan la atención de los medios de comunicación globales, un aspecto menos explorado pero igualmente crucial es el ámbito de la seguridad y las alianzas militares. Es importante destacar que, aunque los BRICS representan un frente unido en numerosas cuestiones económicas y políticas a nivel global, la cooperación en términos de seguridad no ha seguido un camino paralelo. Las rivalidades regionales, las disputas territoriales y las diferencias en los modelos de alianza y seguridad han llevado a un retraso en la formulación de un frente de seguridad común. Tomemos, por ejemplo, el complicado triángulo de relaciones entre China, India y Rusia. Aunque Rusia e India han disfrutado de largas relaciones bilaterales positivas, especialmente en términos de cooperación militar y compras de armas, las relaciones entre India y China han estado marcadas por tensiones, destacadas por disputas territoriales y una guerra fronteriza. Del mismo modo, las relaciones entre Rusia y China son complejas, mezclando elementos de cooperación y desconfianza mutua, a pesar de una fachada externa de alianza estratégica.

La gestión de estas complejas relaciones trilaterales, en el contexto más amplio de los BRICS, representa una danza geopolítica extremadamente delicada. Si bien el bloque ha tenido éxito en articular una visión compartida para un orden mundial multipolar y ha trabajado juntos en foros internacionales como la ONU para promover estos objetivos, la construcción de una estructura cohesiva para la cooperación en materia de seguridad ha sido esquiva. Otro elemento que merece atención especial es la creciente desigualdad económica dentro de los países BRICS. Si bien estos países a menudo han presentado un frente común en foros internacionales, enfatizando la necesidad de una mayor representación e influencia para las naciones en desarrollo, en su interior deben lidiar con cuestiones de desigualdad y justicia social. Por ejemplo, aunque China e India han visto a un gran número de personas salir de la pobreza en las últimas décadas, ambos países enfrentan desafíos significativos en términos de desigualdad de ingresos y riqueza. También es fundamental el tema ambiental. Las naciones BRICS han sido algunos de los mayores emisores de gases de efecto invernadero y han sido criticadas por sus políticas ambientales. Sin embargo, es importante destacar que estas naciones también están buscando activamente equilibrar el crecimiento económico con la sostenibilidad ambiental, esforzándose por conciliar su papel como líderes en el sur del mundo con las

necesidades de un crecimiento económico inclusivo y
sostenible. China, por ejemplo, ha invertido en gran
medida en energía renovable y se ha comprometido a
alcanzar la neutralidad de carbono para 2060. En
resumen, mientras que los BRICS se presentan como
un bloque económico en ascenso, las dinámicas dentro
del grupo, incluyendo la cooperación económica, la
rivalidad estratégica y las tensiones geopolíticas,
siguen siendo un campo fértil para la exploración y el
análisis. La necesidad de equilibrar las aspiraciones
globales con los desafíos regionales y nacionales
continúa guiando las interacciones dentro del grupo,
ofreciendo un panorama intrincado y fascinante de las
relaciones internacionales contemporáneas. En cuanto
al tema de "Conflictos y Cooperación" entre los
miembros de los BRICS, el examen de las complejas
redes de alianzas, desafíos y oportunidades en el grupo
plantea varias cuestiones cruciales para el futuro del
orden mundial. Los BRICS, compuestos por Brasil,
Rusia, India, China y Sudáfrica, han creado un foro
único que, aunque caracterizado por una mezcla
compleja de cooperación y conflicto, potencialmente ha
redefinido algunas dinámicas clave de la política y la
economía global. La cooperación entre los miembros
de los BRICS a menudo se ha destacado en términos de
iniciativas económicas conjuntas, como el Banco de
Desarrollo de los BRICS, y posiciones unificadas en
varios foros multilaterales. La agenda común de los
BRICS ha tendido a centrarse en temas como la

reforma de las instituciones financieras internacionales, la promoción de un orden mundial más multipolar y el desarrollo sostenible. Sin embargo, a pesar de que estos temas han proporcionado un terreno común, también es evidente que existen tensiones significativas y no siempre se expresan abiertamente entre los miembros del bloque.

Las relaciones bilaterales entre los miembros de los BRICS son muy variables. Por ejemplo, la relación entre China e India ha estado tensa debido a disputas territoriales y rivalidades estratégicas en el subcontinente indio y en el Océano Índico. En cambio, la relación entre China y Rusia ha disfrutado de una cooperación relativamente sólida, especialmente en términos de coordinación en foros multilaterales y proyectos energéticos conjuntos. De manera similar, mientras que Rusia ha mantenido relaciones amistosas con India, incluida una profunda cooperación en el ámbito de la defensa, Brasil y Sudáfrica a veces han tenido roles menos centrales en las dinámicas de cooperación y conflicto dentro del grupo. Un desafío crítico dentro de los BRICS es la gestión del creciente poder de China. La enorme economía china, su rápido desarrollo tecnológico y su creciente influencia militar son factores que podrían influir en las dinámicas futuras dentro del bloque, especialmente en relación con cómo otros miembros gestionan sus relaciones con Pekín. China, aunque es un motor de crecimiento económico y un socio comercial clave para todos los demás miembros de los BRICS, también se percibe como un desafío en términos de seguridad, especialmente para India, pero también para Rusia en ciertos contextos.

Como resultado, el futuro de los BRICS podría verse fuertemente influenciado por la capacidad de sus miembros para navegar por estas complicaciones y tensiones internas. La sostenibilidad del bloque como un foro significativo de cooperación económica y política dependerá en gran medida de la voluntad y la capacidad de sus miembros para manejar tanto las asimetrías de poder internas como los desafíos y oportunidades que surgen de la evolución del orden mundial. Si el bloque puede servir como un medio para moderar y gestionar los conflictos entre sus miembros, promover estrategias de desarrollo compartidas y formular respuestas colectivas a los cambios en la economía global y la gobernanza internacional, los BRICS podrían continuar desempeñando un papel clave en el modelo de relaciones internacionales y la gobernanza global en el futuro próximo. Por otro lado, si las tensiones internas y las rivalidades se vuelven demasiado fuertes, el potencial del bloque para actuar como una entidad unificada e influyente en el escenario mundial podría disminuir. En última instancia, si bien la cooperación dentro de los BRICS tiene el potencial de dar forma a las tendencias económicas y políticas globales, las profundas divergencias y tensiones existentes entre sus miembros también representan desafíos significativos y no fáciles de superar. La continuación del diálogo y la cooperación, tanto formal como informalmente, será esencial para navegar por estos desafíos y desarrollar aún más el potencial de los BRICS para influir en la estructura del orden mundial.

11. Cambio Climático • Rol y responsabilidad de las BRICS en el contexto del cambio climático

Rol y Responsabilidad de las BRICS en el Contexto del Cambio Climático

El grupo de las BRICS, compuesto por países con una industrialización rápida y un crecimiento económico significativo, desempeña un papel crucial en el contexto global del cambio climático. La colaboración y la acción emprendida por Brasil, Rusia, India, China y Sudáfrica tienen un impacto notable en el escenario internacional, principalmente debido a sus considerables emisiones de gases de efecto invernadero, sus economías en crecimiento y su creciente demanda de energía.

Participación Activa en Iniciativas Globales

Las naciones BRICS desempeñan un papel activo en las
negociaciones internacionales sobre el clima y en las
conferencias de las partes (COP) bajo el auspicio de la
Convención Marco de las Naciones Unidas sobre el
Cambio Climático (UNFCCC). Tanto colectiva como
individualmente, estos países tienen influencia en la
formación de políticas globales y en la configuración de
acuerdos climáticos, como el Acuerdo de París de 2015.

Desafíos Distintos y Diversos

Cada país de las BRICS enfrenta desafíos distintos en
relación al cambio climático. Por ejemplo, India y
China están entre los principales emisores de gases de
efecto invernadero a nivel mundial, y aunque ambos
han tomado iniciativas significativas para aumentar el
uso de energías renovables, la dependencia del carbón
sigue siendo un problema importante. Por otro lado,
Brasil tiene desafíos únicos relacionados con la
deforestación en la Amazonía y la gestión sostenible de
su biodiversidad.

Inversiones en Energías Renovables y Tecnologías Verdes

Todos los países BRICS han invertido
considerablemente en energías renovables y
tecnologías verdes. India, por ejemplo, ha establecido
objetivos ambiciosos para expandir su capacidad de

energía solar y eólica. China, por otro lado, es un líder mundial en la producción de paneles solares y turbinas eólicas, mientras que Brasil tiene una larga historia de producción de bioetanol y ha integrado biocombustibles en su matriz energética.

Divergencias Políticas y Económicas

A pesar de la cooperación, existen notables divergencias en las políticas climáticas de las naciones BRICS. Mientras que algunos países pueden priorizar el crecimiento económico, otros pueden hacer hincapié en la protección ambiental y la mitigación del cambio climático. Estas diferencias a menudo están relacionadas con factores económicos, sociales y geopolíticos únicos para cada nación, lo que hace que la cooperación en materia de cambio climático sea tanto una oportunidad como un desafío.

Vulnerabilidad y Adaptación al Cambio Climático

Los países BRICS también son altamente vulnerables a los impactos del cambio climático, como eventos climáticos extremos, aumento del nivel del mar y cambios en los patrones de precipitación. La necesidad de adaptación es fundamental para garantizar la protección de las poblaciones vulnerables, las infraestructuras críticas y los ecosistemas vitales de los cambios climáticos presentes y futuros.

Conclusión

Las BRICS, colectiva e individualmente, tienen una parte significativa de la responsabilidad y el poder para dar forma a las respuestas globales al cambio climático. La gestión efectiva de sus respectivos desafíos internos y la construcción de un consenso dentro del grupo pueden aumentar la eficacia de sus acciones en el escenario mundial. El camino hacia una cooperación fructífera requerirá un equilibrio entre objetivos nacionales y colectivos, entre crecimiento económico y protección ambiental, y entre iniciativas nacionales y participación en iniciativas multilaterales.

12. Estrategias de Defensa y Seguridad • Políticas de defensa y seguridad de las BRICS en el nuevo orden mundial.

Políticas de Defensa y Seguridad de las BRICS en el Nuevo Orden Mundial

Las políticas de defensa y seguridad de las naciones BRICS están intrínsecamente relacionadas con sus posiciones geopolíticas, objetivos estratégicos y percepciones de las amenazas en el nuevo orden mundial. Aunque las BRICS son relativamente cohesivas en ciertos aspectos, como el desarrollo económico y cuestiones relacionadas con el cambio climático, presentan notables divergencias en sus enfoques y políticas en lo que respecta a la defensa y la seguridad.

Perspectivas Individuales sobre las Amenazas a la Seguridad y la Defensa

Cada estado BRICS tiene un conjunto distintivo de percepciones de las amenazas y objetivos estratégicos. Por ejemplo, China se enfoca en gran medida en el Mar de China Meridional, Taiwán y los desafíos representados por Estados Unidos en la región. Rusia se centra en los países de la OTAN y en cuestiones de seguridad en Europa del Este y el Ártico. India tiene preocupaciones significativas de seguridad con respecto a sus vecinos, especialmente Pakistán y China, mientras que Brasil y Sudáfrica se centran principalmente en cuestiones regionales y en la paz y seguridad a nivel continental.

Mecanismos de Cooperación dentro de las BRICS

Las BRICS, a través de varias cumbres y foros, buscan promover el diálogo y la cooperación en materia de seguridad y defensa, aunque las acciones conjuntas a menudo se ven limitadas por divergencias de intereses nacionales. Los miembros han emprendido iniciativas para aumentar la cooperación en áreas como la ciberseguridad, la lucha contra el terrorismo y el desarrollo de capacidades militares, al mismo tiempo que promueven el diálogo sobre cuestiones de seguridad a través de reuniones regulares de ministros de Defensa y Seguridad.

Conflictos de Intereses y Tensiones Bilaterales

También existen tensiones y conflictos de intereses significativos dentro del bloque. Un ejemplo destacado son las tensiones territoriales entre India y China, que incluso han llevado a enfrentamientos armados a lo largo de sus fronteras en disputa. Estas tensiones complican la construcción de una política de defensa y seguridad común y coherente dentro del bloque BRICS.

I Membri delle BRICS sul Palcoscenico Globale

Cada miembro de las BRICS busca afirmar su propio papel e influencia en el escenario global. Rusia y China, en particular, están tratando de desafiar el orden mundial existente, promoviendo su visión del mundo y buscando contrarrestar la influencia occidental. India, Brasil y Sudáfrica, por otro lado, a menudo intentan mediar entre una amplia gama de intereses y coaliciones globales, persiguiendo una política exterior que equilibra las relaciones tanto con Occidente como con otras potencias emergentes.

La Dimensión Militar y Estratégica

El enfoque de las BRICS en defensa y seguridad también está fuertemente influenciado por sus capacidades militares y estratégicas respectivas. China y Rusia, con fuerzas armadas significativas y arsenales nucleares, a menudo adoptan un enfoque más assertivo en sus regiones en comparación con los otros miembros de las BRICS. India, siendo una potencia nuclear, también adopta un enfoque sólido hacia las cuestiones de defensa, mientras que Brasil y Sudáfrica tienden a enfatizar la diplomacia preventiva, la mediación y las misiones de mantenimiento de la paz.

Conclusiones

Las políticas de defensa y seguridad de las BRICS en el nuevo orden mundial son una mezcla de cooperación y competencia, con los miembros tratando de equilibrar la promoción de intereses nacionales con el mantenimiento y el desarrollo del bloque BRICS como un actor internacional significativo. Las diferentes percepciones de las amenazas, las prioridades estratégicas y los objetivos geopolíticos, junto con las tensiones bilaterales y las rivalidades, hacen que el diálogo y la cooperación en seguridad entre las BRICS sean una dinámica compleja y matizada que refleja las complejidades y paradojas del orden mundial contemporáneo.

Influenza en el Nuevo Orden Mundial

Las BRICS, colectiva e individualmente, tienen la capacidad de dar forma al panorama de seguridad global, promoviendo tanto objetivos compartidos como divergentes. Por ejemplo, aunque existe una convergencia general en temas como el multilateralismo y la reforma de instituciones globales, las estrategias específicas y los enfoques para lograr esos objetivos pueden variar significativamente entre los miembros.

Colaboraciones con Otras Naciones y Bloques

Las relaciones de las BRICS con otras naciones y bloques de poder también son particularmente significativas en términos de impacto en la estabilidad y seguridad globales. Rusia y China, por ejemplo, han establecido una estrecha colaboración bilateral en numerosos aspectos de defensa y seguridad, al mismo tiempo que desarrollan relaciones con otras naciones a través de foros y organizaciones como la Organización de Cooperación de Shanghai (SCO). India, aunque comparte ciertos foros con Rusia y China, también ha cultivado fuertes lazos con naciones occidentales y otras democracias globales, complicando aún más la dinámica interna de las BRICS.

La Industria del Armamento y las Estrategias Militares

La industria del armamento y las estrategias militares de las naciones BRICS son también aspectos cruciales. Por ejemplo, China ha ampliado significativamente su presencia en la industria global de armamentos, convirtiéndose en uno de los principales exportadores de armas del mundo e influyendo así en las dinámicas de poder en diversas regiones. Al mismo tiempo, Rusia ha buscado mantener y expandir su influencia como el principal actor en el mercado global de armas.

Cuestiones Nucleares

La cuestión nuclear es otra área donde las políticas de las BRICS tienen un impacto notable. Rusia y China son potencias nucleares establecidas, mientras que India, aunque posee armas nucleares, no es reconocida como estado nuclear según el Tratado de No Proliferación (TNP). Las diferentes posiciones y estrategias nucleares de las naciones BRICS influyen no solo en sus relaciones bilaterales, sino también en las dinámicas de seguridad regional y global, la estabilidad estratégica y los esfuerzos de no proliferación.

Ciberseguridad y Guerra Informática

En términos de ciberseguridad y guerra informática, las naciones BRICS desempeñan un papel cada vez más relevante, enfrentando desafíos tanto como víctimas como protagonistas de actividades maliciosas en el ciberespacio. Las estrategias de defensa cibernética, el uso de tecnologías de la información y comunicación (TIC) para la defensa y seguridad, y las capacidades ofensivas en el espacio cibernético son todas áreas de creciente énfasis y desarrollo para las naciones BRICS.

Proyección del Poder Global

La proyección del poder militar y la demostración de
fuerza, a través de ejercicios militares, despliegues y
operaciones en el extranjero, son otras formas en que
las BRICS están tratando de afirmar y dar forma a su
papel en el nuevo orden mundial. La participación en
misiones de mantenimiento de la paz bajo el auspicio
de las Naciones Unidas, así como las operaciones
unilaterales o multilaterales en contextos específicos,
sirven como medios para avanzar en intereses,
establecer credenciales e influir en la seguridad
regional y global.

La complejidad y las facetas de las políticas de defensa
y seguridad de las BRICS en el nuevo orden mundial
ofrecen una amplia gama de áreas para un mayor
análisis y discusión, proporcionando tanto
oportunidades como desafíos para la cooperación y la
competencia entre los miembros y otros actores
globales.

Las BRICS y la Nueva Arquitectura de Seguridad Global

En el marco de sus políticas de defensa y seguridad, las
BRICS también enfatizan la necesidad de una nueva
estructura de seguridad y gestión de conflictos a nivel
global. En este contexto, es esencial evaluar aspectos
adicionales que podrían dar forma al contexto de
seguridad y defensa a nivel mundial y regional.

Uso de la Tecnología en el Campo de la Defensa

La incorporación de tecnología avanzada en los programas de defensa de las BRICS ha tenido un impacto sustancial en la capacidad de estas naciones para proyectar poder e influencia. La introducción de tecnologías como la inteligencia artificial, los drones y las plataformas de guerra cibernética ha ampliado las capacidades operativas y estratégicas de las BRICS, al tiempo que ha planteado nuevas cuestiones éticas y estratégicas. Las tecnologías emergentes también tienen el potencial de redefinir la naturaleza del conflicto, desplazando cada vez más la atención hacia dominios no tradicionales como el ciberespacio y el espacio ultraterrestre.

Tensiones Territoriales y Estrategias de Defensa

Los asuntos relacionados con las tensiones territoriales y las estrategias de defensa nacionales representan otro ámbito que merece una mayor profundización. Por ejemplo, India y China han experimentado situaciones de tensión a lo largo de sus fronteras montañosas, lo que inevitablemente ha influido en las políticas de seguridad regionales y globales. Al mismo tiempo, Rusia enfrenta sus propios desafíos en términos de seguridad territorial e integridad, ya sea en relación con sus regiones occidentales y sus relaciones con la

OTAN o en el sur, en cuestiones de seguridad en el
Cáucaso.

Ideologías Políticas y Nacionalismo

Las ideologías políticas y el nacionalismo también
desempeñan un papel fundamental en las políticas de
defensa de las BRICS. La creciente ola de nacionalismo
en cada uno de estos países podría fortalecer las
políticas de defensa existentes y, al mismo tiempo,
potencialmente fomentar una mayor assertividad en el
escenario global. Esto, a su vez, podría tanto promover
la unidad dentro de las naciones BRICS como causar
tensiones dentro del grupo y con otras naciones.

Implicaciones Económicas de las Políticas de Defensa

Las implicaciones económicas de las políticas de
defensa y seguridad son otro factor crucial a
considerar. Las inversiones en las fuerzas armadas y la
modernización militar pueden tener tanto beneficios
como desventajas para las economías nacionales de las
BRICS. Por un lado, esto puede estimular los sectores
industriales relacionados con la defensa y crear
empleo, mientras que, por otro lado, podría desviar
recursos valiosos de otros sectores vitales como la
educación y la salud.

Cooperación Militar Interna

La cooperación militar entre las naciones BRICS es otra dimensión destacada. A pesar de las diversas tensiones bilaterales entre los miembros, como las de India y China, el bloque ha intentado consolidar cierto grado de cooperación militar. Los ejercicios militares conjuntos y los foros de diálogo sobre seguridad entre las BRICS son herramientas mediante las cuales el bloque busca navegar y mitigar las tensiones internas mientras persigue objetivos de seguridad comunes.

Rivalidades Geopolíticas con Otros Bloques

Las rivalidades geopolíticas y las dinámicas de poder con otros bloques y naciones fuera de las BRICS son una realidad persistente que inevitablemente afecta a las políticas de defensa y seguridad del grupo. La relación de las BRICS con naciones y grupos como los Estados Unidos, la Unión Europea y la OTAN es complicada y multifacética, caracterizada por una mezcla de cooperación en ciertos ámbitos y competencia y disputa en otros.

Normas Internacionales y Derecho Internacional

Finalmente, la adhesión y la interpretación de las normas internacionales y el derecho internacional representan otro elemento clave. Las políticas de defensa de las BRICS y su impacto en el nuevo orden mundial también dependen de su voluntad de conformarse, desafiar o redefinir las normas y estructuras legales internacionales existentes, en áreas que van desde el desarme hasta el derecho del mar.

Cada uno de estos elementos proporciona una visión penetrante del complejo panorama de las políticas de defensa y seguridad de las BRICS y sus implicaciones para el orden mundial contemporáneo. Sin embargo, es fundamental destacar que la naturaleza en constante evolución de las dinámicas geopolíticas y de las relaciones internacionales requiere un examen continuo y una reevaluación de las estrategias y políticas en cuestión.

Énfasis en las Políticas de Defensa y Seguridad de las BRICS en la Configuración del Poder Global

Existe un énfasis particular en la implicación que las políticas de defensa y seguridad de las BRICS tienen en la configuración del poder global, y cómo estas políticas están impregnadas y, en cierto sentido, configuradas en respuesta a la globalización y los desafíos de la moderna arquitectura de seguridad mundial.

Conflictos Asimétricos y Nuevas Amenazas

En el contexto actual, nos enfrentamos a amenazas y conflictos asimétricos, como el terrorismo, la guerra cibernética y las bioamenazas, que requieren una reconsideración de las estructuras tradicionales de defensa y seguridad. Por ejemplo, los ciberataques tienen el potencial de comprometer infraestructuras críticas, perturbar economías nacionales y amenazar la seguridad nacional. La guerra informática y la desinformación se han convertido en herramientas cada vez más predominantes en el arsenal estratégico de las naciones, con el objetivo de desestabilizar sociedades y politizar divisiones internas.

Ciberseguridad y Guerra Cibernética

Las BRICS, como potencias emergentes, están explorando activamente el desarrollo de sus capacidades en el ámbito cibernético, no solo para defenderse de las amenazas, sino también para elaborar herramientas que puedan ser utilizadas con fines defensivos y ofensivos. La integración de la tecnología en sus aparatos militares y de seguridad refleja no solo una adaptación a las amenazas modernas, sino también una aspiración a ejercer un mayor control e influencia en el dominio cibernético global.

Carrera de Armamentos y Desarme

Las tensiones también son evidentes en términos de la carrera de armamentos y las políticas de desarme. Las propias BRICS están involucradas en una serie de relaciones complejas que abarcan tanto la carrera de armamentos como los esfuerzos de desarme. Las

capacidades nucleares de India, Rusia y China, junto
con sus respectivas políticas de disuasión, así como la
proliferación de tecnologías militares avanzadas, son
todos temas que deben ser examinados a través de una
lente que considere tanto las dinámicas internas de las
BRICS como sus relaciones con otras naciones.

Implicaciones Sociales de las Políticas de Defensa

Las implicaciones sociales de las políticas de defensa y
seguridad también merecen atención. La
militarización, el gasto en defensa y el creciente énfasis
en la seguridad pueden tener repercusiones en los
derechos civiles, la distribución de recursos y las
prioridades de desarrollo. Además, el fortalecimiento
de las estructuras militares y de seguridad en cada una
de las naciones BRICS puede tener diversas
implicaciones para los derechos humanos, la libertad
de expresión y la gestión de protestas y disidencia
interna.

Relaciones de las BRICS con las Antiguas Potencias

Además, la forma en que las BRICS interactúan con las
"antiguas potencias", es decir, Estados Unidos y los
países europeos, además de sus políticas hacia
naciones estratégicamente importantes como Irán,
Corea del Norte y Pakistán, es indicativa de la dirección
en la que el nuevo orden mundial podría evolucionar.

Mientras intentan reafirmar y solidificar su influencia y presencia en diversas regiones, también están comprometidas en un equilibrio de poder con Estados Unidos y Europa, oscilando entre la cooperación y el enfrentamiento.

Políticas de Seguridad Regional

Desde la perspectiva de la seguridad regional, cada una de las naciones BRICS está involucrada en una serie de conflictos y tensiones que requieren una combinación de enfoques diplomáticos, militares y de seguridad para gestionar y mitigar. Por ejemplo, la participación de Rusia en Ucrania y Siria, la de India en sus vecinos regionales y en conflictos transfronterizos, y la de China en el Mar de China Meridional representan desafíos significativos que moldean sus respectivas políticas de seguridad y también influyen en la dinámica dentro del bloque BRICS.

Conclusiones

La cuestión de las políticas de defensa y seguridad de las BRICS no puede abordarse sin una comprensión profunda de los desafíos específicos que cada uno de los miembros enfrenta a nivel nacional e internacional. Cada nación, aunque comparte ciertas aspiraciones y objetivos con los otros miembros del bloque, navega a través de un conjunto único de desafíos y oportunidades que reflejan sus circunstancias geopolíticas, históricas y socioeconómicas particulares.

Sin embargo, el diálogo y la cooperación en términos de defensa y seguridad dentro del bloque BRICS seguirán siendo centrales en sus estrategias individuales y colectivas, con el objetivo de reafirmar su papel e influencia en el nuevo orden mundial, y posiblemente reescribir algunas de las reglas y normas que rigen las relaciones internacionales y la seguridad global. En última instancia, un análisis preciso de las estrategias de defensa y seguridad de las BRICS requiere un compromiso continuo para comprender e interpretar las mutaciones en curso en el panorama geopolítico y de seguridad mundial, que se encuentran en un estado de flujo constante.

Conclusión: Las BRICS en el Debate Global sobre Defensa y Seguridad

El perfil emergente de las BRICS en el escenario internacional, arraigado en sus políticas de defensa y seguridad, representa una introducción significativa a nuevas dinámicas y fuerzas en el ámbito geopolítico global. La diversidad y complejidad de los desafíos de seguridad que enfrentan los países BRICS, junto con sus ambiciones globales y regionales, generan una intrincada tela de colaboración, competencia y, en algunos casos, confrontación.

Estrategias Bilaterales y Multilaterales

Las políticas de defensa y seguridad de las BRICS se moldean a través de una mezcla de estrategias bilaterales y multilaterales, buscando equilibrar las tensiones inherentes entre la soberanía nacional y la cooperación internacional. Este intrincado equilibrio se manifiesta en diversas alianzas, acuerdos de seguridad y compromisos diplomáticos, tanto dentro del bloque BRICS como con otras naciones y bloques regionales.

Innovaciones en el Sector Defensivo

Desde una perspectiva militar y tecnológica, las BRICS han recorrido caminos notables, destinando recursos significativos al desarrollo de capacidades militares avanzadas y la adopción de tecnologías emergentes. Esto no solo refuerza sus capacidades defensivas, sino que también proyecta una imagen de poder militar que puede utilizarse como herramienta de influencia y disuasión geopolítica.

Dinámicas de Poder

Las dinámicas de poder entre las BRICS y los países occidentales establecidos, especialmente Estados Unidos y los aliados de la OTAN, representan una continua danza de cooperación y rivalidad. En varios teatros, como el Medio Oriente y Asia, las BRICS buscan afirmar su influencia, a veces en conflicto con los intereses occidentales, generando un equilibrio geopolítico en evolución.

Desafíos de la Globalización y la Seguridad Común

La globalización y los desafíos transnacionales, como el terrorismo, los conflictos asimétricos y la ciberseguridad, requieren una respuesta conjunta y estrategias de seguridad innovadoras. La conexión entre las amenazas transnacionales y la seguridad interna crea un entorno en el que la cooperación multilateral se vuelve fundamental, a pesar de las rivalidades y las diferencias ideológicas.

Estabilidad Regional

A nivel regional, los países BRICS desempeñan roles cruciales en el establecimiento o, en algunos casos, la perturbación del equilibrio de poder, influyendo en la paz y la estabilidad. Comprender cómo sus políticas de defensa afectan las tensiones regionales y globales es vital para descifrar el futuro de la seguridad internacional.

Reflexiones Finales

En resumen, mientras las BRICS se consolidan como actores clave en el contexto de la seguridad global, su impacto es tan multifacético como complejo. La cohesión interna del bloque, a pesar de las diferencias y disputas bilaterales, simboliza un esfuerzo concertado de reposicionamiento en la jerarquía global. Sin embargo, las identidades nacionales y las agendas geopolíticas individuales continúan moldeando las trayectorias distintivas de sus políticas de defensa y seguridad, ofreciendo un panorama rico y a veces contradictorio de alianzas, rivalidades y estrategias cooperativas.

El futuro camino de las BRICS, tanto como entidad colectiva como naciones individuales, sigue siendo un camino lleno de potencial, desafíos e incógnitas, que requerirá una navegación cuidadosa a través de los intrincados pasillos de la política de defensa y seguridad mundial. Analizar y comprender las sutilezas de sus políticas, estrategias y alianzas será fundamental para vislumbrar la dirección del emergente nuevo orden mundial y las implicaciones de estas potencias en el contexto de la estabilidad y seguridad global.

13. Cultura y Sociedad - Impacto de las Culturas y Sociedades de las BRICS en el Mundo

El impacto de las culturas y sociedades de los países BRICS en el mundo es inmenso y multidimensional, permeando diversos sectores, desde el económico hasta el político, y influyendo en los discursos globales sobre desarrollo, derechos humanos y diversidad cultural. Las culturas de las BRICS, debido a sus raíces históricas, demográficas y sociales, presentan un mosaico de tradiciones, prácticas, idiomas y creencias que influyen profundamente en el panorama global.

Diversidad y Riqueza Cultural

1. **Diversidad Lingüística y Religiosa:**

   - Las BRICS albergan una miríada de idiomas y religiones, creando un mosaico cultural que informa y enriquece el diálogo global sobre tolerancia y diversidad.

2. **Patrimonio e Historia:**

   - Cada nación BRICS tiene un rico patrimonio cultural e histórico, a menudo reflejando las antiguas civilizaciones y las profundas tradiciones que han moldeado las sociedades globales a lo largo de los siglos.

Arte y Expresión Cultural 3. Cine y Medios:

   - Países como India, con Bollywood, y Brasil, con sus vibrantes expresiones cinematográficas y televisivas, han permeado la cultura popular mundial, influenciando estéticas y narrativas globales.

4. **Arte y Literatura:**

- Los artistas y escritores de las BRICS han influido significativamente en los discursos culturales y artísticos globales, aportando diversas perspectivas y narrativas a las artes mundiales.

Influencia Social y Demográfica 5. Dinámicas Poblacionales:

- La gran población de naciones como China e India no solo lidera los mercados globales, sino también la difusión y adopción de tendencias culturales y sociales.

6. **Migración y Diáspora:**

- Las extensas diásporas de los países BRICS en todo el mundo sirven como puentes culturales, facilitando el intercambio y la integración cultural entre diferentes regiones del mundo.

Educación e Investigación 7. Intercambio Académico e Investigación:

- Las instituciones académicas de las BRICS contribuyen significativamente a la investigación global y los intercambios académicos, promoviendo el conocimiento y las innovaciones culturales, científicas y tecnológicas.

Política y Sociedad 8. Modelo Social:

- Los modelos sociales y políticos, como el modelo de desarrollo económico de China, han influido en los discursos globales sobre desarrollo y gobernanza.

9. **Movimientos por los Derechos Civiles:**

  - Movimientos como el de la lucha contra el apartheid en Sudáfrica sirven de inspiración y referencia para las luchas globales por los derechos civiles y la justicia.

Cocina y Gastronomía 10. **Cocina Global:** - La gastronomía de las naciones BRICS ha influido en los paladares y cocinas de todo el mundo, haciendo que platos como el curry indio o la feijoada brasileña sean reconocidos a nivel mundial.

Moda y Estilo 11. **Moda y Diseño:** - Los diseñadores de moda de las BRICS han influido en la industria de la moda y el diseño, presentando tejidos, estilos y tendencias únicas en el escenario global.

Turismo e Intercambio Cultural 12. **Turismo y Exploración:** - Lugares como China con su Gran Muralla y Brasil con su icónico Cristo Redentor atraen a visitantes de todo el mundo, promoviendo el intercambio cultural y la comprensión mutua.

En resumen, las sociedades y culturas de las BRICS, con su singularidad y diversidad, han tejido una influencia pervasiva y duradera a través del tejido sociocultural del mundo, dando forma y enriqueciendo continuamente el diálogo y las interacciones globales de múltiples maneras. Su influencia no se limita a una sola dimensión, sino que se ramifica a través de una multitud de sectores, definiendo y redefiniendo dinámicas y corrientes globales de una manera que es tanto tangible como sutil, proyectando sus voces y valores más allá de sus fronteras nacionales.

La importancia de las BRICS en el contexto cultural y social mundial puede profundizarse aún más explorando varios aspectos clave que resaltan la profundidad y amplitud de sus influencias a nivel global.

Lenguas y Literaturas de las BRICS

El impacto de las lenguas y literaturas de las BRICS no puede subestimarse. Por ejemplo, la literatura rusa, con obras pioneras de autores como Tolstói y Dostoievski, ha ofrecido al mundo una introspección en las complejidades de la psique y la sociedad humanas. Del mismo modo, la rica diversidad lingüística de India, que incluye una amplia variedad de idiomas y dialectos, se convierte en un catalizador para la preservación y promoción de una diversidad cultural inmensurable, alimentando así diálogos y narrativas a múltiples niveles y creando puentes de comprensión intercultural.

Filosofías y Creencias de las BRICS

Las filosofías y creencias arraigadas en las naciones BRICS también han tenido un impacto significativo a nivel mundial. La filosofía india, por ejemplo, con sus numerosas corrientes de pensamiento, ha explorado la naturaleza de la existencia y la realidad de maneras que han influido no solo en el Oriente, sino también en el pensamiento occidental en términos de espiritualidad y metafísica. De manera similar, el confucianismo chino ha proporcionado un marco ético y moral que ha influido en la gobernanza y las relaciones sociales en toda Asia Oriental y más allá.

Festividades y Tradiciones de las BRICS

Las festividades y tradiciones de las naciones BRICS ofrecen otro nivel de influencia cultural. Por ejemplo, el Carnaval brasileño y el Festival de linternas chino no son solo celebraciones culturales dentro de sus respectivos países, sino que se han convertido en eventos globales que atraen visitantes internacionales e influyen en las celebraciones culturales y expresiones artísticas en todo el mundo. Estos eventos simbolizan la expresión de alegría, unidad y la continuación de tradiciones a lo largo de las generaciones, sirviendo como vínculos vitales entre el pasado, el presente y el futuro.

BRICS en la Economía Creativa Global

La presencia de las BRICS en la economía creativa global es otro ámbito que merece atención. India, con su poderosa industria de software, y China, con su masiva industria manufacturera, han influenciado no solo los mercados globales, sino también las prácticas y estrategias comerciales a nivel mundial. Esto, a su vez, ha dado forma a las dinámicas de las economías globales y ha definido nuevos caminos para la colaboración y la competencia internacional.

Papel de las Mujeres en las Sociedades BRICS

El papel de las mujeres en las sociedades BRICS y su impacto a nivel global es otra dimensión significativa. Figuras como Indira Gandhi en India y Dilma Rousseff en Brasil han asumido roles de liderazgo e han influido en políticas y discursos tanto a nivel nacional como internacional. Sus experiencias, desafíos y triunfos sirven como modelos e inspiración para mujeres y niñas en todo el mundo, elevando los discursos sobre los derechos de las mujeres y la igualdad de género en el contexto global.

Música y Danza de las BRICS

Además, la influencia de la música y la danza de las
BRICS se extiende mucho más allá de sus fronteras
nacionales. La samba brasileña, el kathak indio y el
ballet ruso son solo algunos ejemplos de cómo las
formas artísticas de las BRICS han cruzado las
fronteras geográficas, convirtiéndose en parte integral
de la cultura global y ofreciendo al mundo una riqueza
de expresiones artísticas y creativas.

La multifacetedness de las sociedades y culturas de las
BRICS no solo enriquece su tejido sociocultural
interno, sino que también extiende sus influyentes
manos a través del globo, entrelazándose con y
afectando el mapa cultural y social mundial de diversas
y profundas maneras. En todos los ámbitos, desde las
artes hasta las filosofías, desde las tradiciones hasta las
innovaciones, las BRICS continúan desempeñando un
papel crucial en la formación y dirección de flujos
culturales y sociales globales, construyendo puentes de
comprensión, colaboración e intercambio en un mundo
cada vez más interconectado e interdependiente.

Cocina y Gastronomía de las BRICS

Otro ámbito en el que las BRICS ejercen una notable
influencia a nivel mundial es la cocina. La amplitud y
diversidad de las tradiciones culinarias de estas
naciones se reflejan en una riqueza de sabores, técnicas
e ingredientes que se han adoptado y adaptado

ampliamente en todo el mundo. Consideremos, por ejemplo, la cocina india, famosa por el uso experto de especias y hierbas aromáticas, lo que ha llevado a la creación de platos ampliamente conocidos y amados a nivel internacional, como el curry o el biryani. Al observar la cocina brasileña, el feijoada, un plato a base de frijoles negros y carne, ejemplifica la fusión de influencias culinarias que caracteriza al país, explorando y mezclando hábilmente las raíces culturales indígenas, africanas y portuguesas.

Cinematografía de las BRICS

El cine es otro medio a través del cual las BRICS transmiten su cultura y sociedad, ejerciendo una influencia significativa a nivel mundial. La industria cinematográfica de Bollywood en India, por ejemplo, no solo tiene un impacto cultural sustancial a nivel nacional, sino que también tiene una gran base de seguidores a nivel internacional, con fanáticos que se extienden desde Londres hasta Lagos. Del mismo modo, el cine chino ha ganado resonancia a nivel internacional, mostrando al mundo no solo la rica historia y cultura de China, sino también su modernización y las actuales dinámicas sociales y políticas.

Turismo Cultural El turismo cultural es otro sector en el que las BRICS han tenido un gran impacto, con cada nación que atrae visitantes de todo el mundo deseosos de explorar sus ricas ofertas históricas y culturales. Ciudades como Río de Janeiro en Brasil y San Petersburgo en Rusia son elogiadas por su inestimable patrimonio cultural, ofreciendo a los turistas una visión de las raíces históricas y la vibrante modernidad de estas naciones. Estos lugares se convierten en puntos de intercambio cultural y conexiones entre los ciudadanos de las BRICS y el resto del mundo, alimentando la comprensión mutua y el respeto entre diversas culturas y pueblos.

Innovaciones Tecnológicas y Societales Las BRICS también son importantes impulsores de innovaciones tecnológicas y sociales que influyen en las sociedades a nivel global. Las innovaciones en las TIC de la India, por ejemplo, no solo han llevado a la nación hacia un futuro digital, sino que también han ofrecido soluciones tecnológicas a países en desarrollo de todo el mundo. Las innovaciones de China en infraestructura y tecnología, como el sistema de pago digital Alipay, han influido en la forma en que las empresas gestionan las transacciones financieras y las interacciones económicas, sugiriendo nuevos modelos y prácticas que podrían adoptarse y adaptarse en diferentes contextos globales.

Educación e Investigación La educación y la investigación en las naciones BRICS también desempeñan un papel crucial en la formación del futuro global. Las instituciones educativas en estos países no solo forman a las futuras generaciones de líderes, pensadores e innovadores, sino que también desarrollan investigaciones e innovaciones con el potencial de abordar desafíos globales en áreas como la medicina, la tecnología y las ciencias ambientales.

Movimientos Sociales Por último, los movimientos sociales dentro de las naciones BRICS a menudo tienen un eco resonante a nivel global, proporcionando ideas e inspiración para debates y acciones a nivel internacional. Ya sea en cuestiones de género, medio ambiente o derechos humanos, estos movimientos reflejan las dinámicas, desafíos y aspiraciones de las sociedades BRICS, presentándose como espejos a través de los cuales estas naciones son vistas y percibidas a nivel mundial.

A través de estas numerosas facetas, las culturas y las sociedades de las BRICS se entrelazan e interactúan con el panorama mundial, contribuyendo a dar forma no solo a su propio futuro, sino también al de toda la comunidad global.

Patrimonio Cultural Global Cada país miembro de las BRICS contribuye de manera única al patrimonio cultural global a través del arte, la música, la literatura y las tradiciones que están arraigadas históricamente y al mismo tiempo en constante evolución. Este patrimonio cultural no solo enriquece la trama de la historia y la identidad nacional de cada país, sino que también se entrelaza con las culturas globales, creando nuevos puntos de interconexión y de diálogo intercultural.

Sinergias y Fricciones Culturales La pluralidad de expresiones culturales y sociales entre las naciones BRICS genera tanto sinergias como fricciones. Las sinergias surgen a través del intercambio y la adaptación mutua de ideas y prácticas culturales, mientras que las fricciones pueden surgir debido a las divergencias ideológicas, las asimetrías en el poder suave y las diferentes prioridades en políticas culturales y sociales.

Amplificadores de Cambio Social Las sociedades de las BRICS también actúan como amplificadores de cambio social, presentando nuevas narrativas y paradigmas que desafían el statu quo tanto a nivel nacional como internacional. Esto ocurre a través de movimientos sociales, iniciativas de activismo cultural y político, y a través de la creación y difusión de contenido mediático y artístico que transmiten mensajes poderosos y a menudo transformadores.

Integración y Divergencia Las BRICS, con sus distintas culturas y sociedades, se encuentran en una encrucijada de integración y divergencia. Por un lado, la cooperación multilateral en diversos sectores promueve la integración y el intercambio de objetivos comunes. Por otro lado, las divergencias emergen claramente en las diferentes trayectorias de desarrollo social y cultural, en los diferentes enfoques hacia la gobernanza y la resolución de conflictos, y en las diversas percepciones y respuestas a los desafíos globales.

Liderazgo Cultural Las naciones BRICS están buscando afirmar un liderazgo cultural, proyectando sus valores, narrativas y prácticas culturales más allá de sus fronteras. Este liderazgo se manifiesta a través de diversos canales, como producciones cinematográficas, eventos culturales internacionales y la promoción de lenguas nativas en el escenario global.

Proyección hacia el Futuro Finalmente, la proyección de las BRICS hacia el futuro está enraizada en sus esfuerzos colectivos e individuales para forjar caminos sostenibles e inclusivos de desarrollo social y cultural. Esto se logra a través de la promoción de innovaciones, la adopción de tecnologías emergentes y el compromiso con una mayor equidad e inclusión tanto en sus propias sociedades como a nivel internacional. En última instancia, mientras las BRICS continúan explorando nuevas fronteras de cooperación y navegando por los desafíos inherentes a sus diversas identidades culturales y sociales, la comprensión mutua y el respeto por los valores compartidos serán fundamentales para forjar un futuro común y constructivo tanto dentro del bloque como en el contexto global. El análisis de la cultura y la sociedad dentro de las BRICS proporciona una ventana a través de la cual explorar las dinámicas y el potencial de este influyente grupo de naciones en la arena mundial.

14. Instituciones Financieras

El papel de las instituciones financieras en las naciones BRICS, como el Banco de los BRICS, es fundamental para dar forma al panorama económico y financiero no solo dentro del bloque, sino también a nivel global.

Banco de los BRICS: Un Pilar del Desarrollo Económico

El Banco de los BRICS, oficialmente conocido como el Nuevo Banco de Desarrollo (NBD), se estableció en 2014 como una respuesta directa a la necesidad de un nuevo mecanismo financiero que pudiera respaldar proyectos de infraestructura y desarrollo sostenible en economías emergentes y países en desarrollo. El NBD desempeña un papel clave en:

- **Financiamiento de Proyectos de Infraestructura:** Ofrece financiamiento y apoyo para proyectos de infraestructura y desarrollo sostenible dentro dc los países BRICS.

- **Cooperación Financiera:** Actúa como plataforma para la cooperación financiera entre los miembros, facilitando el comercio y la inversión mediante la creación de mecanismos financieros compartidos y solidarios.

- **Complemento y Alternativa:** Actúa como complemento y alternativa a las instituciones financieras existentes, respondiendo de manera más específica a las necesidades y dinámicas de los países BRICS y otras economías emergentes.

El Papel Multidimensional de las Instituciones Financieras BRICS

1. Desencadenar el Crecimiento Económico

Las instituciones financieras de los BRICS desempeñan un papel estratégico en desencadenar el crecimiento económico, financiando proyectos e iniciativas que pueden mejorar las infraestructuras y crear oportunidades de inversión.

2. Reducción de la Pobreza y Desarrollo Sostenible

Son esenciales para dirigir los esfuerzos hacia la reducción de la pobreza y el desarrollo sostenible, proporcionando recursos y apoyo técnico para proyectos y políticas que promueven la inclusión social y económica.

3. Estabilización Económica

Actúan como estabilizadores económicos, ayudando a mitigar las vulnerabilidades económicas mediante la provisión de fondos y la implementación de políticas financieras coordinadas durante períodos de crisis.

4. Comercio e Inversiones

Actúan como facilitadores del comercio y las inversiones, creando plataformas y mecanismos que facilitan la colaboración e inversión mutua entre los estados miembros.

Perspectivas y Desafíos Futuros

- **Equidad y Transparencia:** Garantizar que los recursos y beneficios derivados de las instituciones financieras se distribuyan de manera justa y transparente entre todos los miembros.

- **Gobernanza y Responsabilidad:** Implementar mecanismos de gobernanza sólidos y transparentes que aseguren la responsabilidad y eficacia de las instituciones financieras.

- **Adaptabilidad y Resiliencia:** Evolucionar y adaptarse a las cambiantes dinámicas económicas globales, asegurando que las instituciones financieras sean resilientes ante los desafíos futuros.

- **Colaboración Global:** Fomentar una colaboración más estrecha con otras instituciones financieras internacionales y regionales.

En resumen, las instituciones financieras de los BRICS, como el Banco de los BRICS, representan un pilar fundamental para respaldar y promover un desarrollo económico sostenible e integrado entre los países miembros y más allá. Su capacidad para navegar a través de los desafíos y aprovechar las oportunidades determinará en gran medida el futuro de la cooperación económica y financiera dentro del bloque BRICS y en el contexto financiero global más amplio.

Integración Financiera

La integración financiera entre los países BRICS es crucial para la solidez y la resiliencia de todo el bloque. Esta integración no se limita únicamente al financiamiento de proyectos de infraestructura, sino que también se extiende a la creación de un sistema financiero sólido e interconectado que pueda abordar las necesidades específicas de los países miembros. Además, el establecimiento de un sistema de pagos BRICS que facilite las transacciones comerciales dentro del bloque es otro aspecto fundamental para impulsar la integración financiera y económica entre los países miembros.

Desarrollo del Sector Privado

Las instituciones financieras de los BRICS también
desempeñan un papel esencial en el desarrollo del
sector privado en los países miembros, ofreciendo
financiamiento y apoyo a pequeñas y medianas
empresas (PYME) e iniciando proyectos que pueden
fomentar la innovación y el espíritu empresarial. En
este contexto, las PYME y las nuevas empresas
emergentes pueden acceder a capitales y recursos que,
de lo contrario, serían difíciles de obtener, estimulando
así la innovación, la creación de empleo y el
crecimiento económico.

Interacción con las Economías Globales

También es relevante considerar la interacción de las
instituciones financieras de los BRICS con las
economías globales y cómo influyen y son
influenciadas por las dinámicas económicas y
financieras internacionales. La capacidad de las
instituciones financieras de los BRICS para navegar a
través de los altibajos de la economía mundial, al
tiempo que garantizan la estabilidad y el crecimiento
de los países miembros, es un elemento clave en la
construcción de un sistema financiero global más
equitativo y sostenible.

Desafíos en la Realización de Proyectos

Los desafíos en la realización de proyectos a nivel local
y regional son también un área clave para examinar. A
pesar de la disponibilidad de fondos y recursos, a

menudo existen obstáculos burocráticos, técnicos y sociales que impiden la implementación efectiva de proyectos de infraestructura y desarrollo. En este sentido, las instituciones financieras de los BRICS no solo deben garantizar la disponibilidad de capital, sino también facilitar la materialización de proyectos a través de la oferta de experiencia técnica, la gestión de cuestiones socioambientales y la superación de obstáculos burocráticos.

Implicaciones Ambientales y Sociales

Las implicaciones ambientales y sociales de los proyectos financiados por las instituciones financieras de los BRICS son otro punto a considerar cuidadosamente. El financiamiento de grandes proyectos de infraestructura puede tener un impacto significativo en el medio ambiente y las comunidades locales. Por lo tanto, es imperativo que las instituciones financieras adopten un enfoque responsable y sostenible hacia la inversión, asegurando que los proyectos sean económicamente beneficiosos y también ambiental y socialmente sostenibles.

Dinámicas de Poder Interno

Analizar las dinámicas de poder interno en las instituciones financieras BRICS y cómo influyen en las decisiones y políticas de la institución es también un elemento crítico. La distribución del poder de decisión, las tensiones y alianzas entre los países miembros, y cómo estas dinámicas se reflejan en las operaciones e iniciativas de las instituciones financieras ofrecen ideas interesantes sobre la funcionalidad y eficacia a largo plazo de dichas instituciones.

En conclusión, aunque estas son solo algunas de las múltiples facetas que caracterizan el papel de las instituciones financieras BRICS, está claro que su influencia va más allá del mero financiamiento de proyectos. Son agentes del desarrollo, mediadores de la cooperación internacional y actores influyentes en la escena económica mundial, con todas las complejidades y desafíos que esto conlleva.

Cooperación y Competencia Internacional

Al examinar el panorama internacional, las instituciones financieras BRICS desempeñan un papel dual de cooperación y competencia. Por un lado, buscan desarrollar sinergias con las instituciones financieras globales existentes, como el Fondo Monetario Internacional y el Banco Mundial, tratando de navegar y, a veces, desafiar las dinámicas de poder prevalecientes. Por otro lado, representan una especie de antagonismo hacia el sistema financiero global dominante, ofreciendo una alternativa o un contrapeso a las instituciones financieras occidentales y sus modelos de financiamiento y desarrollo.

Diversificación de las Carteras de Inversión

Otro ámbito de interés podría ser la gestión y diversificación de las carteras de inversión de las instituciones financieras BRICS. ¿Cómo se seleccionan los proyectos para recibir financiamiento? ¿Cuáles son las políticas y prácticas adoptadas para mitigar los riesgos y garantizar un retorno de la inversión? La gestión de riesgos, el análisis de la viabilidad de los proyectos y la creación de una estrategia de inversión sostenible son esenciales para asegurar que los fondos se distribuyan de manera efectiva y generen un impacto positivo en el desarrollo económico de los países miembros y más allá.

Enfoque en Sectores Específicos

Una investigación sobre los sectores específicos que son privilegiados por las instituciones financieras BRICS podría proporcionar ideas sobre dónde el bloque ve las mayores oportunidades y desafíos. Por ejemplo, la atención puede centrarse en la energía renovable, la construcción de infraestructuras, la agricultura sostenible o la digitalización, cada uno de los cuales conlleva conjuntos específicos de beneficios, desafíos y dinámicas de implementación.

Impactos Sociales de los Proyectos Financiados

El análisis de los impactos sociales de los proyectos financiados por las instituciones financieras BRICS es un área que debe ser examinada con atención. Esto incluye el análisis del impacto de los proyectos en el bienestar socioeconómico de las comunidades locales, la creación de empleo, la reducción de la pobreza y la igualdad de género. Además, sería interesante explorar cómo estas instituciones abordan cuestiones de inclusión y justicia social en sus proyectos de inversión y políticas financieras.

Normativas y Cumplimiento

El cumplimiento normativo y los desafíos legales representan otro aspecto fundamental de las operaciones de las instituciones financieras BRICS. Esto implica no solo el cumplimiento de las leyes y regulaciones locales en los países en los que operan, sino también la adhesión a las normas internacionales en cuanto a transparencia, anticorrupción y normativas ambientales. Explorar las estrategias y medidas adoptadas para asegurar que los proyectos financiados cumplan con las leyes y regulaciones pertinentes es vital para comprender los desafíos y oportunidades que enfrentan las instituciones financieras BRICS en el financiamiento de proyectos globales.

Inclusión Financiera

La inclusión financiera es otra dimensión que podría ser explorada más a fondo. ¿Cómo contribuyen las instituciones financieras BRICS a promover la inclusión financiera en los países miembros y en los países beneficiarios de los fondos? La adopción de tecnologías financieras (FinTech) e iniciativas para extender los servicios financieros a comunidades no bancarizadas o subbancarizadas son algunos de los mecanismos a través de los cuales estas instituciones pueden promover una mayor inclusión y equidad financiera.

Conclusiones Parciales y Perspectivas Futuras

Aunque cada aspecto podría ampliarse aún más, es esencial reconocer que las instituciones financieras BRICS operan en un entorno global complejo y en constante evolución. Mientras trabajan para financiar proyectos que impulsan el crecimiento y el desarrollo en los países miembros y en los países asociados, estas instituciones deben equilibrar objetivos de desarrollo, sostenibilidad y rendimiento de la inversión, todo mientras navegan por la complejidad de la geopolítica global y las dinámicas económicas.

La capacidad de las instituciones financieras BRICS para adaptarse, innovar y desarrollar mecanismos efectivos para gestionar riesgos y aprovechar oportunidades será fundamental para su éxito e impacto en el futuro del financiamiento del desarrollo global. Con el tiempo, el papel, la influencia y el impacto de estas instituciones serán moldeados por las decisiones estratégicas tomadas hoy y su capacidad de responder de manera ágil e innovadora a los desafíos emergentes.

Integración y Estabilidad Financiera

Las instituciones financieras BRICS desempeñan un papel esencial en la integración de los mercados financieros y en la garantía de la estabilidad en el bloque. Al crear una plataforma que tiene como objetivo facilitar el comercio y las inversiones directas entre los países miembros, estas instituciones buscan estabilizar y fortalecer las economías nacionales en un contexto global. La integración y la estabilidad financiera ayudan a los países miembros a protegerse contra las vulnerabilidades externas, ofreciendo una mayor resiliencia frente a las fluctuaciones de los mercados globales y las crisis económicas.

Alianzas y Participación del Sector Privado

La participación del sector privado a través de alianzas con las instituciones financieras BRICS es fundamental para movilizar capital adicional y experiencia técnica. Las instituciones financieras BRICS, como el Banco de los BRICS, a menudo buscan atraer inversores privados y establecer asociaciones con el sector privado para amplificar el impacto de sus proyectos y programas. Analizar en detalle cómo estas instituciones colaboran con el sector privado e involucran a inversores y empresas puede ofrecer ideas sobre la efectividad y sostenibilidad de los proyectos financiados.

Desarrollo de Pequeñas y Medianas Empresas (PYMES)

Las PYMES desempeñan un papel crucial en las economías de los BRICS, contribuyendo significativamente al crecimiento económico, la creación de empleo y el desarrollo sostenible. Las instituciones financieras BRICS podrían desarrollar estrategias para apoyar a las PYMES, ofreciendo financiamiento, capacitación y asistencia técnica. ¿Cómo se estructuran estos programas? ¿Cómo contribuyen a mejorar el ecosistema empresarial en los países miembros?

Transparencia y Responsabilidad

La cuestión de la transparencia y la responsabilidad en las instituciones financieras BRICS es otro aspecto que merece un análisis más profundo. Esto incluye no solo el funcionamiento interno de las instituciones, sino también el proceso de toma de decisiones, la asignación de fondos y la gestión de proyectos. Examinar las medidas y prácticas adoptadas por las instituciones financieras BRICS para garantizar la transparencia y la responsabilidad hacia los países miembros y los beneficiarios de los proyectos es fundamental para evaluar su impacto y efectividad.

Desarrollo Sostenible y Finanzas Verdes

Además, un análisis del compromiso de las instituciones financieras BRICS con el desarrollo sostenible y las finanzas verdes es de vital importancia. ¿Cuáles son los instrumentos financieros verdes que estas instituciones están explorando o implementando? ¿Cómo se evalúan y supervisan los proyectos desde el punto de vista de la sostenibilidad ambiental? Profundizar en las estrategias y enfoques de las finanzas verdes y el desarrollo sostenible podría proporcionar ideas sobre cómo los BRICS están abordando cuestiones relacionadas con el cambio climático y la sostenibilidad a través de sus instituciones financieras.

Gobernanza y Estructura Organizativa

La gobernanza y la estructura organizativa de las instituciones financieras BRICS también merecen un examen detenido. ¿Cómo se formulan las políticas? ¿Quién toma decisiones y a través de qué mecanismos? ¿Cómo influye la estructura de gobernanza en la definición de prioridades y la implementación de proyectos? Analizar la estructura y los mecanismos de toma de decisiones puede ayudar a comprender mejor cómo operan estas instituciones y cómo podrían evolucionar en el futuro.

Conclusión Abierta

Continuar explorando y profundizando en estos y otros aspectos de las instituciones financieras BRICS conduce a un camino de descubrimiento que se entrelaza con temas cada vez más amplios y complejos, en los que la financiación, el desarrollo, la política y la sostenibilidad se fusionan en una red global de interconexiones e interdependencias, con implicaciones que van más allá de las fronteras de los países miembros y se arraigan en un sistema internacional en constante cambio y renegociación.

Marco de las Instituciones Financieras de los BRICS

Las instituciones financieras de los BRICS, en particular el Banco de los BRICS, han desempeñado un papel clave en apoyar y estimular el desarrollo económico, no solo en los países miembros, sino también en otros mercados emergentes. La creación de una plataforma financiera sólida y resistente permite a los países BRICS perseguir objetivos de desarrollo más amplios, abordar colectivamente desafíos económicos y forjar un papel influyente en el sistema económico global.

Desarrollo Económico y Financiamiento de Proyectos

Las instituciones financieras, a través del desarrollo y financiamiento de diversos proyectos en sectores clave

como infraestructura, energía y desarrollo sostenible,
se convierten en pilares del progreso económico y la
estabilidad. Estos proyectos, además de proporcionar
estímulos directos a las economías locales, facilitan el
comercio y las inversiones intra-BRICS, fortaleciendo
las redes económicas y las asociaciones entre los países
miembros.

Participación de las Comunidades Locales

La participación y el impacto de las instituciones
financieras de los BRICS en las comunidades locales
son aspectos esenciales. Los proyectos financiados y
desarrollados no solo deben respetar los derechos y las
necesidades de las comunidades locales, sino también
contribuir a su bienestar y desarrollo. Cómo estas
instituciones involucran a las comunidades locales,
adoptan prácticas sostenibles y evalúan el impacto
social y ambiental de los proyectos es fundamental
para comprender su responsabilidad y efectividad en la
promoción de un desarrollo genuino e inclusivo.

Innovación y Tecnología Financiera

La innovación y la adopción de nuevas tecnologías
financieras representan otro punto clave. Las
instituciones financieras de los BRICS están
explorando y adoptando tecnologías emergentes, como
la cadena de bloques y las criptomonedas, para mejorar
la eficiencia, reducir costos y aumentar la
transparencia de las transacciones y operaciones

financieras. La posición de los BRICS en el campo de la tecnología financiera y las implicaciones futuras de tales innovaciones en las finanzas globales y las prácticas de desarrollo merecen un análisis detallado.

Diálogo y Cooperación Internacional

Además, las instituciones financieras de los BRICS operan no solo en un contexto dentro del bloque, sino también en un contexto internacional más amplio. Su capacidad para dialogar y cooperar con otras instituciones financieras internacionales, como el Fondo Monetario Internacional y el Banco Mundial, y la posición que ocupan en los foros económicos globales, contribuyen a definir el papel y la influencia de los BRICS en el panorama económico mundial.

Conclusiones y Perspectivas Futuras

Las instituciones financieras de los BRICS, desafiando los mecanismos financieros tradicionales y presentándose como una alternativa y/o complemento a las instituciones financieras occidentales, están moldeando gradualmente un nuevo panorama económico y financiero. El equilibrio entre la búsqueda de objetivos de desarrollo internos, el mantenimiento de la estabilidad y el crecimiento económico, y la navegación por las aguas complejas de la geopolítica y las alianzas internacionales define un camino intrincado y multifacético.

La exploración de la trayectoria futura de los BRICS, las dinámicas dentro del bloque, su capacidad para equilibrar el crecimiento y la sostenibilidad, y las estrategias para abordar desafíos emergentes, como la crisis climática y las tensiones geopolíticas, siguen siendo de crucial importancia para comprender la futura arquitectura económica y financiera global.

Surge así un paisaje de oportunidades y desafíos en el que los BRICS, a través de sus instituciones financieras, continuarán navegando, dando forma y siendo moldeados por el contexto global en el que operan. Su trayectoria, si pueden equilibrar los intereses nacionales y colectivos, y promover un desarrollo que sea sostenible e inclusivo, determinará de manera significativa el futuro orden económico y financiero mundial.

15. Comercio Internacional: Análisis del Rol de los BRICS

La Evolución del Comercio Internacional a través de los BRICS

El bloque BRICS (Brasil, Rusia, India, China y Sudáfrica) ha asumido un papel cada vez más determinante en el panorama del comercio internacional, contribuyendo a redefinir las dinámicas globales y formar nuevos corredores comerciales y alianzas económicas. Su posición en la economía mundial, el comercio intra-bloque y las estrategias de comercio exterior son elementos fundamentales para comprender cómo los BRICS están dando forma y siendo moldeados por las dinámicas del comercio internacional.

El Impacto Económico y la Relevancia Global

A pesar de ser naciones BRICS heterogéneas en términos de tamaño económico, recursos naturales y estructura socioeconómica, comparten el objetivo común de aumentar su influencia en el comercio mundial. La creciente relevancia de estos países en las exportaciones globales, su creciente peso en la economía mundial y su papel en el modelo de producción y distribución de bienes a nivel global, marcan una influencia determinante en las cadenas globales de valor.

Dinámicas Comerciales Intra-BRICS

Dentro del bloque BRICS, los países miembros han buscado intensificar el comercio mutuo, reduciendo la dependencia de las economías avanzadas y diversificando sus propias economías. Esta estrategia ha llevado a una mayor integración económica entre los países del bloque a través de acuerdos bilaterales y multilaterales, facilitación comercial y la creación de plataformas comunes para el diálogo y la cooperación económica.

Estrategias de Integración Global

Los BRICS, al tratar de consolidar su posición en el comercio mundial, también han explorado estrategias de integración y cooperación con otras economías emergentes y desarrolladas. La formación de alianzas regionales, como la Iniciativa del Cinturón y Ruta de la Seda de China, y la participación en foros económicos multilaterales son expresión de la voluntad de estas naciones de construir redes comerciales amplias y resistentes.

Desafíos y Oportunidades

Sin embargo, los BRICS enfrentan diversos desafíos en la búsqueda de un crecimiento comercial sostenible y en el equilibrio de sus ambiciones económicas con las necesidades de desarrollo interno y la sostenibilidad ambiental. Las tensiones comerciales, las divergencias en las políticas económicas y las diferencias estructurales entre las economías de los países miembros representan obstáculos significativos que requieren soluciones compartidas y un diálogo continuo.

La Dimensión de la Sostenibilidad en el Comercio

La sostenibilidad en el comercio, es decir, la capacidad de los BRICS para promover un comercio que no solo sea económicamente ventajoso, sino también social y ambientalmente responsable, emerge como un tema central. El impacto ambiental del comercio, las prácticas laborales y la transferencia de tecnología son factores que influyen y son influenciados por las dinámicas comerciales de los BRICS y que requieren un análisis profundo para comprender y guiar las futuras trayectorias del bloque.

Hacia el Futuro del Comercio Global

En resumen, los BRICS, con su creciente influencia económica y comercial, están dando forma a un nuevo orden en el comercio internacional, proponiendo nuevas dinámicas, creando nuevas alianzas y, de alguna manera, rediseñando los mapas de las rutas comerciales globales. Su capacidad para navegar a través de desafíos internos y externos, promover un comercio sostenible e inclusivo y equilibrar sus ambiciones económicas con las necesidades globales determinará el futuro de su papel en el comercio internacional y el impacto en la economía mundial.

En este contexto, el futuro análisis de los BRICS en el comercio internacional, a través de la exploración de sus políticas comerciales, estrategias de integración global y la gestión de desafíos y oportunidades emergentes, proporcionará ideas cruciales para comprender las evoluciones futuras del comercio mundial y el sistema económico internacional.

Influencia de los BRICS en Organizaciones Internacionales

Los BRICS no solo están activos en la definición de nuevas rutas comerciales, sino que también desempeñan un papel creciente en las instituciones y organizaciones internacionales de comercio, como la Organización Mundial del Comercio (OMC). Su posición, a menudo unificada en estos foros, les permite influir en las normas y acuerdos comerciales internacionales, buscando darles forma de manera que reflejen mejor los intereses y necesidades de las economías emergentes.

Tecnología y Comercio Digital

Además, la creciente digitalización del comercio mundial representa tanto una oportunidad como un desafío para los países BRICS. Por un lado, el comercio electrónico y las plataformas digitales ofrecen nuevos canales y mercados para bienes y servicios, ayudando a superar barreras físicas y logísticas. Por otro lado, la digitalización requiere ajustes en infraestructuras tecnológicas, regulaciones de ciberseguridad y habilidades digitales.

Políticas de Inversión

Las estrategias de inversión extranjera directa (IED) de los BRICS, tanto en términos de inversión recibida como realizada, son otro pilar de su actividad comercial. La creación de políticas que atraigan inversión extranjera y la identificación de oportunidades de inversión en el extranjero son esenciales para mantener e incrementar el crecimiento económico y establecer relaciones comerciales sólidas y mutuamente beneficiosas.

Relaciones con los Países en Desarrollo

El papel de las BRICS en el sur global es igualmente importante. Muchos países en desarrollo consideran a las BRICS como socios preferenciales, ya que pueden ofrecer modelos de crecimiento alternativos a los propuestos por las economías avanzadas y, a veces, menos condicionados políticamente. Esto ha permitido a las BRICS construir redes de influencia y asociaciones en Asia, África y América Latina, fortaleciendo aún más su peso en el comercio global.

Contradicciones y Desafíos

A pesar del impacto significativo de las BRICS, existen numerosas contradicciones y desafíos. Las desigualdades dentro de los países BRICS a menudo son acentuadas, y las estrategias de crecimiento basadas en la exportación a veces pueden entrar en conflicto con la necesidad de desarrollar mercados internos sólidos e inclusivos. La tarea, por lo tanto, radica en equilibrar las políticas orientadas a la exportación con estrategias que garanticen una distribución justa de los beneficios del crecimiento a nivel nacional.

Cuestiones Ambientales y Sostenibilidad

La cuestión ambiental es otro aspecto fundamental a considerar. La intensificación del comercio puede tener un impacto significativo en el medio ambiente, tanto en términos de emisiones generadas por el transporte como en la explotación de los recursos naturales. Por lo tanto, las BRICS están llamadas a reflexionar sobre cómo conciliar las necesidades de crecimiento y desarrollo con la protección del medio ambiente y la promoción del desarrollo sostenible.

La Pandemia y las Nuevas Dinámicas

Por último, el impacto de la pandemia de COVID-19 ha reescrito muchas de las reglas del comercio internacional, lo que requiere una reflexión sobre las vulnerabilidades y resiliencias de las cadenas de suministro globales. Para las BRICS, que han abordado la crisis con enfoques diferentes y han sido afectadas de diferentes maneras, el período posterior a la pandemia será crucial para reconsiderar y potencialmente reformular sus estrategias comerciales y de desarrollo.

Todos estos aspectos delinean un panorama complejo y multidimensional en el que las BRICS navegan en su esfuerzo por consolidar su papel, enfrentando

dinámicas globales en constante evolución y desafíos
internos que requieren atención y equilibrio
estratégico.

Bilateralismo y Multilateralismo

Aunque las BRICS actúan como un bloque en algunas
circunstancias, también persiguen agresivamente sus
intereses nacionales a través de acuerdos bilaterales
tanto dentro del grupo como con otros países y
regiones. La tensión entre el bilateralismo y el
multilateralismo siempre está presente: mientras que
el multilateralismo podría ofrecer soluciones más
justas y sostenibles a nivel global, los acuerdos
bilaterales a menudo permiten a los países perseguir
más directamente sus intereses nacionales.

Políticas Arancelarias y No Arancelarias

Las BRICS utilizan una variedad de herramientas
arancelarias y no arancelarias para proteger sus
industrias y mercados internos, y para promover o
inhibir ciertos flujos comerciales. El uso de estas
herramientas puede reflejar objetivos económicos y
políticos y, en algunos casos, también puede ser
utilizado como una herramienta de presión geopolítica.

Normas Laborales

Otro elemento esencial se refiere a la cuestión de los
derechos laborales en los países BRICS. Dada la

diversidad de situaciones económicas y sociales en cada país, las regulaciones y condiciones laborales varían considerablemente, lo que afecta a la competencia y las dinámicas de producción e intercambio dentro y fuera del grupo.

Soft Power y Construcción de Imagen

Las BRICS también utilizan el comercio como un medio para construir su "soft power" e influir en otros países a través de la cooperación económica y el desarrollo de mercados comunes. Al crear redes económicas e iniciativas conjuntas, buscan fortalecer su influencia y dar forma a las percepciones globales sobre ellas.

Integración de los Mercados Financieros

La integración de los mercados financieros y las políticas cambiarias entre los países BRICS también son de vital importancia. El uso de sus propias monedas para el comercio dentro del grupo y la interconexión de sus bolsas e instituciones financieras representan tanto oportunidades de estabilización como posibles vectores de contagio en caso de crisis financieras.

Infraestructura y Logística

La infraestructura y la logística desempeñan un papel vital en facilitar o dificultar el comercio internacional.

Los proyectos de infraestructura, como la "Ruta de la Seda" promovida por China, no solo crean nuevas vías de comercio, sino que también son instrumentos de influencia geopolítica, conectando económicamente y físicamente diversas regiones del mundo.

Comercio y Derechos Humanos

La relación entre comercio y derechos humanos es otro tema delicado y a menudo destacado en términos de las relaciones exteriores de las BRICS. La cuestión de cómo equilibrar los intereses comerciales y económicos con el respeto de los derechos humanos y la promoción de estándares globales es un dilema persistente y una fuente de tensión tanto internamente como en las relaciones internacionales.

Patentes y Propiedad Intelectual

Finalmente, las cuestiones relacionadas con las patentes y la propiedad intelectual, especialmente en la era de la tecnología y la biotecnología, representan un terreno fértil para posibles conflictos y colaboraciones. La forma en que las BRICS gestionan sus políticas de propiedad intelectual no solo afecta las dinámicas dentro del grupo, sino que también tiene implicaciones más amplias para la innovación, el acceso a tecnologías y medicamentos, y las relaciones con otros países y empresas multinacionales.

Estos aspectos adicionales ofrecen un panorama aún más detallado y complejo de las dinámicas que impulsan a las BRICS en el contexto del comercio internacional, delineando un paisaje de relaciones interconectadas, objetivos a veces contradictorios y una navegación continua entre la cooperación y la competencia.

En conclusión, el análisis del papel de los BRICS en el comercio internacional revela una realidad extraordinariamente compleja y dinámica. Estos países, a pesar de sus diferencias y desafíos internos, han tenido un impacto notable en la escena global, redefiniendo las dinámicas comerciales y contribuyendo a dar forma a un nuevo orden mundial. Los BRICS han ganado importancia en la economía mundial, convirtiéndose en actores principales en el comercio internacional. Su influencia ha sido evidente en diversos sectores, desde la energía y las materias primas hasta la alta tecnología y la industria manufacturera. Las estrategias de comercio exterior, la diversificación de las economías y la creación de redes comerciales globales se han convertido en características distintivas de su enfoque en el comercio internacional. La integración económica dentro del grupo ha fomentado el comercio mutuo y ha creado oportunidades de crecimiento compartido. Al mismo tiempo, los BRICS buscan activamente fortalecer los lazos comerciales con otras economías emergentes y desarrolladas, construyendo alianzas y asociaciones que amplíen su alcance e influencia. Sin embargo, los BRICS enfrentan numerosos desafíos, como desigualdades internas, cuestiones ambientales, diferencias en las políticas económicas y dificultades en la gestión de relaciones complejas con otros actores globales. El equilibrio entre promover un comercio justo y sostenible y alcanzar objetivos económicos nacionales sigue siendo un dilema constante. El período posterior a la pandemia será crucial para los BRICS al redefinir sus estrategias comerciales y de desarrollo a la luz de las nuevas dinámicas globales. Será esencial considerar cómo abordar los desafíos emergentes, incluido el cambio climático, la digitalización del comercio y la necesidad de promover un crecimiento inclusivo y sostenible. En última instancia, los BRICS seguirán siendo un actor clave en el comercio internacional y continuarán dando forma al nuevo orden mundial. Su capacidad para adaptarse a los desafíos en evolución y contribuir a un crecimiento económico compartido y sostenible determinará su éxito futuro y su impacto duradero en la escena global.

16.   Globalización vs Nacionalismo • Discusión sobre cómo los BRICS equilibran la globalización y el nacionalismo.

La discusión sobre cómo los BRICS equilibran la globalización y el nacionalismo es de fundamental importancia, ya que refleja uno de los desafíos más relevantes del actual escenario geopolítico. Estos países emergentes navegan entre el deseo de participar activamente en la globalización económica y la necesidad de preservar la soberanía nacional y la identidad cultural. Aquí algunos puntos clave para comprender esta compleja dinámica:

Globalización Económica Los BRICS han adoptado generalmente una postura favorable hacia la globalización económica. Reconocen los beneficios derivados de la participación en los mercados globales, como el acceso a nuevos mercados, flujos de inversión extranjera y la importación de tecnologías avanzadas. Han promovido acuerdos comerciales, intercambios de inversión y asociaciones económicas con otras naciones, demostrando una voluntad de fortalecer los lazos comerciales internacionales.

Proteccionismo Moderado Sin embargo, los BRICS no son ajenos al proteccionismo moderado, especialmente cuando se trata de sectores estratégicos o la defensa de los intereses nacionales. Utilizan herramientas como aranceles, cuotas de importación y regulaciones para proteger las industrias locales y fomentar la producción nacional. Estas medidas pueden ser empleadas como respuesta a crisis económicas o presiones geopolíticas.

Nacionalismo Cultural Desde una perspectiva cultural y política, los BRICS están comprometidos en preservar y promover sus identidades nacionales y culturales. Cada uno de estos países tiene una historia, lengua y cultura únicas y busca protegerlas de la homogeneización cultural impulsada por la globalización. Este nacionalismo cultural puede manifestarse a través de políticas de promoción del idioma, las artes y la cultura nacional.

Soberanía Política Los BRICS mantienen una firme posición en cuanto a la soberanía política. Rechazan la interferencia externa en asuntos internos y respaldan el principio de no intervención en los asuntos de otros países. Esta postura se expresa frecuentemente en referencia a cuestiones como tensiones regionales, conflictos internos y cambios de régimen.

Énfasis en el Equilibrio Los BRICS buscan constantemente un equilibrio entre la participación en la globalización económica y la defensa de sus intereses nacionales y culturales. Este equilibrio a menudo se ve desafiado por eventos globales como crisis financieras,

conflictos geopolíticos y tensiones comerciales. En
tales momentos, pueden adoptar una postura más
nacionalista o más globalizada según las
circunstancias.

En resumen, los BRICS representan un desafío al
tradicional enfrentamiento entre la globalización y el
nacionalismo. Estos países buscan equilibrar la
participación activa en la globalización económica con
la protección de sus intereses nacionales y culturales.
Su capacidad para mantener este delicado equilibrio
será fundamental para su futuro y para definir el papel
de las economías emergentes en el contexto global.

Para comprender de manera más detallada cómo los
BRICS equilibran la globalización y el nacionalismo, es
importante examinar algunos ejemplos específicos y
los desafíos asociados a esta compleja dinámica:

1. Comercio Internacional Los BRICS han
favorecido la liberalización del comercio internacional,
pero al mismo tiempo protegen los sectores clave de
sus economías de una competencia excesiva. Por
ejemplo, Brasil ha impuesto aranceles a ciertos
productos manufacturados para proteger su industria
nacional, mientras que India ha adoptado políticas
similares para respaldar el sector agrícola. Estas
acciones a menudo han sido objeto de controversia, ya
que pueden obstaculizar la plena adhesión a la
globalización comercial.

2. Inversiones Extranjeras Los BRICS han atraído inversiones extranjeras significativas, pero se han vuelto más selectivos al permitir el acceso a sectores estratégicos. Por ejemplo, China ha fortalecido la supervisión de las inversiones extranjeras directas en áreas como la tecnología y la seguridad nacional. Esta medida se ha considerado como un intento de equilibrar la necesidad de capital extranjero con la preservación de la seguridad nacional y tecnologías clave.

3. Tecnología y Control de Datos Los BRICS participan activamente en la carrera tecnológica global, pero también buscan garantizar su independencia tecnológica y la seguridad de los datos. Por ejemplo, Rusia ha promulgado una ley que requiere que los datos personales de los ciudadanos rusos se almacenen en servidores ubicados dentro del país, una medida interpretada como un intento de aumentar el control sobre los datos y la tecnología.

4. Identidad Cultural Los BRICS otorgan gran importancia a la promoción de sus identidades culturales únicas. Esto se traduce en políticas de apoyo a las artes, el idioma y la cultura nacional. Por ejemplo, Brasil promueve la difusión del portugués, mientras que India fomenta la difusión del hindi. Estos esfuerzos reflejan un compromiso con la preservación de la diversidad cultural en un mundo cada vez más globalizado.

5. Liderazgo Global Los BRICS buscan activamente ampliar su influencia en el escenario global. Colaboran en organizaciones como las Naciones Unidas y el G20 para promover un orden mundial más multipolar. Sin embargo, también están comprometidos en respaldar el principio de soberanía nacional y evitar la interferencia en los asuntos internos de otros países.

6. Desafíos Geopolíticos Desafíos geopolíticos como el conflicto en Ucrania y las tensiones entre India y China en el Himalaya han puesto a prueba la solidaridad de los BRICS. Mientras buscan equilibrar sus relaciones bilaterales con otros actores globales como Estados Unidos y la Unión Europea, deben enfrentar desafíos geopolíticos que ponen a prueba su enfoque hacia la soberanía y la cooperación global.

In sintesi, le BRICS affrontano costantemente una complessa serie di sfide quando si tratta di bilanciare la globalizzazione con il nazionalismo. Le loro politiche e azioni dipendono da una serie di fattori, compresi gli interessi economici, le sfide geopolitiche e la volontà di preservare le proprie identità culturali. Questa dinamica è al centro delle loro relazioni globali e rappresenta una delle sfide più significative nel contesto geopolitico attuale.

7. **Recursos Naturales** Los BRICS son ricos en recursos naturales, y esto influye en su política económica y comercial. Mientras buscan

aprovechar la globalización para exportar recursos, al mismo tiempo adoptan políticas para proteger y gestionar estratégicamente estos recursos. Por ejemplo, Brasil tiene políticas para controlar las exportaciones de recursos naturales como el petróleo, mientras que Rusia impone limitaciones similares a las exportaciones de gas natural.

8. **Inversiones en Infraestructura** Los BRICS han iniciado importantes proyectos de inversión en infraestructura, tanto a nivel nacional como internacional. Estas inversiones a menudo tienen como objetivo promover la conectividad regional y global y respaldar el crecimiento económico. Sin embargo, estos proyectos también pueden utilizarse como herramientas de influencia geopolítica, contribuyendo a la creación de redes comerciales y al fortalecimiento de la influencia global de los BRICS.

9. **Pandemia y Nacionalismo Sanitario** La pandemia de COVID-19 ha reavivado el debate sobre la globalización y el nacionalismo. Si bien los BRICS han colaborado para garantizar el acceso a las vacunas y compartir conocimientos científicos, cada país también ha adoptado medidas nacionales para proteger la salud de sus ciudadanos. Este equilibrio entre la cooperación global y el proteccionismo sanitario es

emblemático del dilema más amplio entre la globalización y el nacionalismo.

10.   **Contención de Crisis Financieras** Los BRICS han creado su propio fondo de reserva de divisas, conocido como el "Acuerdo de Reserva Contingente", para hacer frente a crisis financieras globales sin recurrir a instituciones financieras occidentales como el Fondo Monetario Internacional (FMI). Esto demuestra una voluntad de mantener cierto grado de control sobre sus asuntos financieros y una preferencia por soluciones regionales en lugar de instituciones globales.

11. **Tensiones Comerciales** Las tensiones comerciales entre los BRICS pueden poner a prueba la solidaridad del grupo. Por ejemplo, India y China han tenido disputas comerciales y territoriales que han afectado sus relaciones dentro de los BRICS. Estos conflictos requieren un delicado equilibrio entre el apoyo a la propia soberanía y la importancia de la cohesión del grupo.

12. **Diversidad Geográfica y Económica** Los BRICS representan una notable diversidad geográfica y económica, lo que hace aún más complejo el equilibrio entre la globalización y el nacionalismo. Por ejemplo, India es una de las

economías emergentes más grandes del mundo, mientras que Sudáfrica es relativamente más pequeña. Estas diferencias influyen en las estrategias y prioridades de cada país dentro del grupo.

En resumen, los BRICS continúan equilibrando la globalización y el nacionalismo a través de una serie de políticas, acciones e iniciativas. Esta dinámica compleja está moldeada por factores económicos, políticos, culturales y ambientales, y requiere una adaptación constante a los desafíos y oportunidades emergentes en el contexto global. La forma en que abordan este equilibrio tendrá implicaciones significativas para el futuro de las relaciones internacionales y el orden mundial.

13. **Inversiones en Países en Desarrollo** Los BRICS han aumentado sus inversiones en países en desarrollo, tanto por motivos económicos como geopolíticos. Estas inversiones pueden impulsar el crecimiento económico en los países receptores, pero también pueden generar preocupaciones sobre el neocolonialismo y la dependencia económica. Los BRICS buscan equilibrar su creciente presencia global con la necesidad de respetar la soberanía de los estados receptores.

14.**Diplomacia Económica** Los BRICS han desarrollado una diplomacia económica activa para perseguir sus intereses globales. Han organizado cumbres económicas y comerciales y han tratado de influir en organizaciones globales como la Organización Mundial del Comercio (OMC) para promover sus prioridades. Estos esfuerzos muestran un compromiso en la promoción de sus propios intereses, pero también pueden generar tensiones con otras naciones.

15.**Educación y Ciencia** Los BRICS también colaboran en el ámbito de la educación y la ciencia para promover la innovación y el desarrollo tecnológico. Esta cooperación puede verse como un intento de equilibrar la globalización mediante la promoción de la educación y la investigación nacional.

16.**Control de los Medios de Comunicación** Cada país BRICS tiene políticas de control de los medios de comunicación que reflejan sus necesidades nacionales y culturales. Por ejemplo, China tiene una estricta censura de contenido en línea para preservar la estabilidad política, mientras que Brasil tiene regulaciones para promover la producción de contenidos culturales locales. Estos enfoques ilustran cómo los BRICS

buscan equilibrar la globalización de los medios
de comunicación con sus prioridades nacionales.

17. **Infraestructuras Digitales** Los BRICS
también han avanzado significativamente en el
ámbito de las infraestructuras digitales,
buscando reducir la brecha digital. Estos
esfuerzos pueden equilibrar la globalización a
través del acceso universal a internet y la
promoción de la innovación tecnológica a nivel
nacional.

18. **Reforma de las Instituciones
Globales** Los BRICS han respaldado la reforma
de las instituciones globales, como el Consejo de
Seguridad de las Naciones Unidas, para hacerlas
más representativas y capaces de hacer frente a
los desafíos contemporáneos. Este esfuerzo es un
ejemplo de cómo buscan influir en el sistema
global mientras protegen su soberanía.

19. **Inversiones en Energía Sostenible** Mientras
buscan satisfacer la creciente demanda de
energía, los BRICS también han realizado
inversiones significativas en energía sostenible,
como las energías renovables. Estas inversiones
pueden equilibrar la globalización al promover
fuentes de energía más limpias y fortalecer la
seguridad energética nacional.

20. **Coordinación en Organizaciones Internacionales** Los BRICS coordinan sus posiciones en diversas organizaciones internacionales, como el G20 y el Consejo Empresarial BRICS. Esta colaboración busca equilibrar la globalización a través de la influencia colectiva en estas organizaciones, permitiéndoles promover sus intereses conjuntos.

En conclusión, el equilibrio entre la globalización y el nacionalismo por parte de los BRICS es un proceso complejo que implica una serie de políticas e iniciativas. Estos países emergentes constantemente buscan proteger sus intereses nacionales y culturales mientras participan activamente en la escena global. Su habilidad para gestionar este desafío determinará su papel futuro en el panorama geopolítico y económico global.

21. **Medidas de Seguridad Alimentaria** Los BRICS han implementado políticas para garantizar la seguridad alimentaria de sus ciudadanos. Estas políticas pueden incluir la promoción de la agricultura nacional y la limitación de las importaciones de alimentos. Estas medidas a menudo se justifican en función de la necesidad de garantizar la soberanía alimentaria, pero también pueden resultar en un mayor proteccionismo.

22. **Iniciativas Culturales Bilaterales**
Dentro de los BRICS, los países a menudo emprenden iniciativas bilaterales para promover su cultura. Por ejemplo, Rusia e India pueden organizar intercambios culturales para fomentar la comprensión mutua entre sus poblaciones. Estas iniciativas pueden ayudar a fortalecer los lazos entre los países miembros y preservar sus identidades culturales.

23. **Inversiones en Industrias Estratégicas** Los BRICS han identificado industrias estratégicas clave para su desarrollo y buscan protegerlas de influencias externas. Por ejemplo, China ha adoptado políticas de "Hecho en China 2025" para promover las industrias de alta tecnología nacionales y reducir la dependencia de las importaciones extranjeras. Esto es un ejemplo de cómo equilibran la globalización con el objetivo de construir una economía basada en la tecnología.

24. **Acuerdo de Shanghai para la Cooperación** El Acuerdo de Shanghai para la Cooperación (SCO), que incluye a varias naciones de Asia Central y a China, es un ejemplo de cómo los BRICS equilibran los intereses regionales con los globales. La SCO promueve la cooperación económica y de seguridad en Asia Central, pero los BRICS también utilizan esta plataforma para

discutir cuestiones globales y coordinar sus
posiciones.

25. **Políticas Industriales y Comerciales**
Cada país BRICS tiene políticas industriales y
comerciales únicas para promover el crecimiento
económico y el empleo. Estas políticas pueden
variar desde la promoción de las exportaciones
hasta el apoyo a las pequeñas empresas. Mientras
buscan participar activamente en el comercio
global, estas políticas también reflejan los
esfuerzos por mantener cierta autonomía
económica.

26. **Cooperación Científica y Tecnológica**
Los BRICS promueven la cooperación científica y
tecnológica para estimular la innovación. Estos
esfuerzos incluyen el intercambio de
investigación y el desarrollo conjunto de
tecnologías avanzadas. La colaboración científica
refleja la voluntad de los BRICS de participar en
la competencia tecnológica global mientras
mantienen su identidad científica y tecnológica.

27. **Impacto Social y Ambiental** Los BRICS
buscan equilibrar los aspectos sociales y
ambientales de la globalización. Esto implica
abordar los desafíos de la desigualdad y la
equidad social, así como cuestiones ambientales
como la gestión sostenible de los recursos

naturales y el cambio climático. Estos son factores que contribuyen al equilibrio entre la globalización y las necesidades nacionales.

28.   **Papel en Foros Regionales** Los BRICS participan activamente en foros regionales como el Foro de Cooperación Económica Asia-Pacífico (APEC) y la Organización de Cooperación de Shanghái (SCO). Esta participación refleja un enfoque multilateral que equilibra los intereses regionales con los globales.

29.   **Dependencia Económica Global** Los BRICS buscan equilibrar su creciente dependencia económica global con la necesidad de preservar su autonomía económica. Esto puede implicar la diversificación de las fuentes de suministro de energía o la promoción de la producción local para reducir la dependencia de las importaciones.

30.   **Diplomacia de Soft Power** Los BRICS buscan promover su poder suave, incluidos aspectos culturales como la literatura, el cine y el arte, para influir positivamente en la percepción global de sí mismos. Estos esfuerzos contribuyen a la promoción de su cultura y a la proyección de una imagen positiva en el mundo.

En conclusión, el equilibrio entre la globalización y
el nacionalismo por parte de los BRICS es un proceso
complejo y en constante evolución que involucra una
serie de políticas e iniciativas. Estos países emergentes
constantemente buscan proteger sus intereses
nacionales y culturales mientras participan
activamente en la escena global. Su habilidad para
manejar este desafío tendrá un impacto significativo en
el futuro de las relaciones internacionales y del orden
mundial.

En resumen, el equilibrio entre la globalización y el
nacionalismo por parte de los BRICS es un proceso
dinámico y complejo que requiere una atención
constante a los cambios en el contexto global. Estos
países emergentes son conscientes de la importancia
de participar activamente en la escena global para
promover sus intereses económicos, políticos y
culturales. Sin embargo, al mismo tiempo, buscan
preservar su soberanía, identidad cultural y autonomía
económica.

Los BRICS utilizan una serie de estrategias y políticas
para abordar este desafío:

1. **Diplomacia Bilateral y Multilateral:**
   Colaboran en cuestiones globales a través de una
   diplomacia activa a nivel bilateral y multilateral,
   buscando influir en organizaciones

internacionales y foros globales para promover
sus intereses comunes.

2. **Economías Nacionales Diversas:** Cada país
   BRICS tiene una economía y una base industrial
   únicas, y buscan capitalizar estas diferencias para
   promover la complementariedad económica
   dentro del grupo.

3. **Políticas Industriales y Comerciales:**
   Adoptan políticas industriales y comerciales para
   promover el crecimiento económico y proteger
   las industrias estratégicas nacionales.

4. **Cooperación Científica y Tecnológica:**
   Colaboran en investigación científica y desarrollo
   tecnológico para estimular la innovación y
   competir a nivel global.

5. **Inversiones Estratégicas:** Realizan
   inversiones estratégicas en sectores clave, como
   infraestructura, energía y tecnologías avanzadas,
   para respaldar el crecimiento económico y la
   seguridad nacional.

6. **Cultura y Soft Power:** Utilizan la promoción
   de la cultura y el soft power para mejorar su
   imagen global e influir positivamente en la
   percepción global de sí mismos.

7. **Diplomacia Económica:** Participan activamente en cumbres económicas y comerciales internacionales para promover el comercio y la inversión.

8. **Gestión de Recursos Naturales:** Adoptan políticas para gestionar estratégicamente los recursos naturales y garantizar la seguridad alimentaria y energética.

9. **Desarrollo Sostenible:** Se comprometen a promover políticas de desarrollo sostenible para abordar los desafíos ambientales y sociales.

En un mundo cada vez más interconectado, los BRICS enfrentan desafíos y oportunidades en constante cambio. Su capacidad para equilibrar efectivamente la globalización con sus necesidades nacionales será fundamental para su éxito y su papel en el emergente orden mundial. Manteniendo un enfoque flexible y adaptable, estos países pueden seguir aprovechando su crecimiento económico y su influencia geopolítica para contribuir a dar forma al futuro del mundo.

17. Derechos Humanos - Análisis de la situación de los derechos humanos en los países BRICS.

1. **Brasil:** Brasil ha sido objeto de atención internacional debido a su situación de derechos humanos. Cuestiones como la violencia en las favelas, la discriminación contra las minorías y la deforestación en la Amazonía han sido motivo de preocupación. Sin embargo, el país también ha avanzado en la promoción de los derechos de las mujeres y de la comunidad LGBTQ+.

2. **Rusia:** En Rusia, se han planteado preocupaciones sobre las libertades civiles, incluyendo la libertad de prensa y expresión. Los defensores de los derechos humanos afirman que las críticas al gobierno pueden dar lugar a persecuciones. La situación de las minorías, en particular la comunidad LGBTQ+, ha sido objeto de tensiones.

3. **India:** India tiene una sociedad compleja con una amplia gama de desafíos en materia de derechos humanos. Existen preocupaciones sobre la libertad religiosa, la discriminación de castas y la violencia de género. Sin embargo, el país ha avanzado en la promoción de la educación y en la lucha contra la pobreza.

4. **China:** China ha atraído la atención global por su gestión de los derechos humanos, incluyendo la represión de las protestas en el Tíbet y la situación de las minorías étnicas como los uigures. China también ha sido criticada por su censura en línea y el control de los medios.

5. **Sudáfrica:** Sudáfrica tiene una historia de lucha por los derechos humanos, habiendo superado el apartheid. El país ha avanzado en la promoción de los derechos de las minorías, pero todavía enfrenta desafíos relacionados con la desigualdad económica y la criminalidad.

Es importante destacar que la situación de los derechos humanos es compleja y variada en cada uno de estos países BRICS. Cada nación ha avanzado en algunas áreas pero enfrenta desafíos en otras. Además, la percepción de los derechos humanos puede variar según la perspectiva cultural y política.

Frecuentemente, los BRICS buscan equilibrar la promoción de los derechos humanos con la soberanía nacional, lo que puede dar lugar a posiciones divergentes en los foros internacionales. Sin embargo, la promoción de los derechos humanos sigue siendo un tema importante en las discusiones globales y la situación de los derechos humanos en los países BRICS continúa siendo objeto de atención y debate a nivel internacional.

6. **Brasil:** En el contexto de Brasil, la situación de los derechos humanos ha sido influenciada por desafíos como la violencia urbana, especialmente en las favelas. Las fuerzas de seguridad a menudo han sido criticadas por el uso excesivo de la fuerza. La discriminación racial y la violencia contra las minorías, incluyendo los pueblos indígenas, son preocupaciones persistentes. Sin embargo, el país ha avanzado en el fortalecimiento de los derechos de las mujeres y en la lucha contra la impunidad por crímenes contra los derechos humanos.

7. **Rusia:** En Rusia, las organizaciones de derechos humanos a menudo informan sobre restricciones a la libertad de prensa y expresión. Las leyes sobre propaganda homosexual han generado preocupaciones sobre los derechos de las personas LGBTQ+. La situación de las minorías étnicas como los chechenos ha sido objeto de debate internacional.

8. **India:** India es un país diverso con desafíos complejos en materia de derechos humanos. La discriminación de castas persiste y las tensiones religiosas han sido una preocupación creciente. Sin embargo, el país ha logrado avances significativos en la promoción de la educación y la lucha contra la extrema pobreza.

9. **China:** China ha sido objeto de atención internacional por su situación de derechos humanos. La represión de las protestas en el Tíbet y la gestión de los derechos de las minorías étnicas como los uigures han suscitado preocupaciones a nivel global. La censura en línea y el control de los medios son ampliamente conocidos, y los disidentes políticos pueden enfrentar persecuciones.

10. **Sudáfrica:** Sudáfrica tiene una historia de lucha por los derechos humanos, habiendo superado el apartheid. Sin embargo, el país todavía enfrenta desafíos relacionados con la desigualdad económica y la criminalidad. El gobierno sudafricano ha trabajado para promover los derechos de las minorías y abordar cuestiones de género.

Cada país BRICS tiene una situación única en cuanto a derechos humanos, con una serie de desafíos y avances. La percepción de los derechos humanos puede variar ampliamente tanto dentro como fuera de estos países. Además, es importante destacar que la situación de los derechos humanos está en constante evolución, y los acontecimientos recientes pueden influir en la percepción global.

Frecuentemente, los BRICS enfrentan desafíos al tratar de equilibrar la promoción de los derechos humanos con sus necesidades de soberanía nacional. Sin embargo, el tema de los derechos humanos sigue siendo una parte importante de las discusiones globales y continúa siendo objeto de atención y debate a nivel internacional.

11. **Brasil:** En el contexto brasileño, las violaciones de los derechos humanos a menudo están asociadas a la violencia en las favelas, donde las operaciones policiales pueden dar lugar a abusos de los derechos humanos. La discriminación contra las minorías, incluyendo a los pueblos indígenas y la población negra, es un problema persistente. A lo largo de los años, Brasil también ha enfrentado desafíos relacionados con la seguridad de las mujeres y la violencia doméstica, pero ha avanzado en la implementación de leyes para proteger a las víctimas.

12. **Rusia:** En Rusia, las organizaciones de derechos humanos a menudo denuncian la limitación de la libertad de expresión y la represión de voces disidentes. La situación de las minorías, incluyendo a las personas LGBTQ+, está sujeta a restricciones legales y sociales. Las protestas políticas pueden ser reprimidas y los activistas pueden enfrentar intimidaciones y arrestos.

13. **India:** India es una nación compleja con una rica diversidad cultural, pero también una historia de discriminación de castas y tensiones religiosas. La violencia contra las mujeres ha sido un problema significativo, con episodios de violaciones y violencia doméstica que han provocado la indignación pública. El país está trabajando en reformas legales y sociales para abordar estos desafíos.

14. **China:** China ha atraído una atención internacional creciente debido a su manejo de los derechos humanos. La represión de las protestas en el Tíbet y las preocupaciones sobre los derechos de las minorías étnicas como los uigures han sido ampliamente informadas. La censura en línea y el control de los medios son generalizados, y los disidentes políticos pueden enfrentar graves consecuencias.

15. **Sudáfrica:** Sudáfrica tiene una historia de lucha por los derechos humanos, con el fin del apartheid como punto de inflexión. Sin embargo, el país aún enfrenta desafíos relacionados con la desigualdad económica y la criminalidad. El tema de la tierra y la reforma agraria ha sido motivo de tensiones, mientras que el gobierno sudafricano trabaja para abordar cuestiones como la extrema pobreza.

Cada país BRICS tiene una situación de derechos humanos única, con desafíos y avances específicos. La percepción de los derechos humanos puede variar ampliamente y el debate interno e internacional sigue siendo una parte importante del diálogo global. La situación de los derechos humanos está en constante evolución, y los desarrollos recientes pueden tener un impacto significativo en la percepción global y las políticas nacionales.

16. **Brasil:** En el contexto brasileño, la situación de los derechos humanos también ha sido influenciada por una serie de cuestiones ambientales. La deforestación en la Amazonía y la destrucción del hábitat natural han generado preocupaciones a nivel mundial, ya que amenazan la vida de las poblaciones indígenas y contribuyen al cambio climático. La gestión de los recursos naturales y la protección de los derechos de las comunidades indígenas se han convertido en temas centrales en la discusión de los derechos humanos en Brasil.

17. **Rusia:** Rusia ha experimentado la consolidación del poder centralizado y la limitación de la libertad de prensa y expresión en los últimos años. Organizaciones de derechos humanos han documentado casos de arrestos arbitrarios de opositores políticos y activistas. Además, la situación de las minorías sexuales, como las

personas LGBTQ+, ha sido difícil, con leyes contra la "propaganda homosexual" que limitan la libertad de expresión y el acceso a servicios de apoyo.

18. **India:** India ha logrado avances significativos en educación y lucha contra la pobreza, pero sigue enfrentando desafíos en la promoción de los derechos de las mujeres y la prevención de la violencia de género. Además, las tensiones religiosas y la violencia intercomunitaria han sido motivo de creciente preocupación en los últimos años. La discriminación de castas persiste, aunque el gobierno ha promulgado leyes para promover la igualdad.

19. **China:** China ha atraído una atención internacional creciente por su manejo de los derechos humanos, con preocupaciones sobre la represión de voces críticas y la situación de las minorías étnicas. La vigilancia masiva, incluyendo la vigilancia de las comunicaciones en línea y el reconocimiento facial, se ha convertido en un tema significativo relacionado con la privacidad y la libertad personal. La situación de los derechos de las minorías étnicas, en particular de los uigures, ha llamado la atención internacional, con acusaciones de detenciones masivas y violaciones de los derechos humanos.

20.   **Sudáfrica:** Sudáfrica ha continuado luchando con problemas de desigualdad económica y social heredados de la era del apartheid. Aunque el país ha avanzado en la mejora de la igualdad y la justicia social, todavía queda mucho trabajo por hacer. En particular, el tema de la tierra y la reforma agraria ha sido motivo de debate y tensión. Sin embargo, Sudáfrica sigue siendo un ejemplo de transición pacífica desde la segregación racial hacia una democracia multirracial.

En cada uno de estos países BRICS, la situación de los derechos humanos está influenciada por una serie de factores únicos. Los desafíos y avances varían ampliamente, y la percepción de los derechos humanos puede ser subjetiva e influenciada por variables culturales y políticas. La promoción y protección de los derechos humanos siguen siendo temas importantes en el debate internacional, con muchas organizaciones y gobiernos trabajando para abordar los desafíos en curso y buscar soluciones para mejorar la situación de los derechos humanos en todo el mundo.

21. **Brasil:** En el contexto brasileño, la situación de los derechos humanos también ha sido influenciada por la violencia policial, especialmente en las favelas de las grandes ciudades. Ha habido numerosos casos de abusos y homicidios cometidos por las fuerzas de policía,

lo que plantea preguntas sobre la falta de responsabilidad y transparencia en las investigaciones. Además, las amenazas y ataques contra los defensores de los derechos humanos son preocupantes y representan desafíos para la libertad de expresión y asociación.

22.	**Rusia:** En los últimos años, Rusia ha experimentado un aumento en las restricciones a la libertad de prensa y expresión. Las leyes que limitan la actividad de las organizaciones no gubernamentales (ONG) extranjeras han dificultado el trabajo de los activistas de derechos humanos. La situación de las minorías sexuales, incluyendo a las personas LGBTQ+, se ha vuelto más difícil debido a las leyes contra la "propaganda homosexual" y la discriminación social.

23.	**India:** India es un país caracterizado por una extraordinaria diversidad cultural, pero enfrenta desafíos en derechos humanos, incluyendo la discriminación de castas y tensiones religiosas. La creciente polarización política ha llevado a un clima en el que las voces críticas a menudo son reprimidas o amenazadas. Sin embargo, el país ha avanzado en la promoción de la educación y el acceso a servicios de salud.

24.   **China:** China ha atraído atención internacional por su manejo de los derechos humanos, especialmente la situación de las minorías étnicas como los uigures en la región de Xinjiang. Ha habido acusaciones de detenciones masivas, trabajos forzados y otras violaciones de derechos humanos. La censura en línea es generalizada y las restricciones a la libertad de expresión son notables. Sin embargo, China también es uno de los principales actores en la lucha contra la pobreza y ha logrado avances económicos significativos.

25.   **Sudáfrica:** Sudáfrica ha sido un ejemplo de transición pacífica de un sistema de segregación racial a una democracia multirracial. Sin embargo, el país aún enfrenta desafíos relacionados con la desigualdad económica y social, con una distribución desigual de recursos y oportunidades. El tema de la tierra y la reforma agraria ha sido una fuente de tensión, mientras que el gobierno trabaja para abordar cuestiones de justicia social y desarrollo económico.

La situación de los derechos humanos es compleja en cada uno de estos países BRICS y está influenciada por una serie de factores. Los desafíos y avances varían ampliamente, y la percepción de los derechos humanos puede variar según las perspectivas culturales y políticas. La promoción y protección de los derechos humanos siguen siendo una prioridad a nivel global, con muchas organizaciones y gobiernos trabajando para abordar los desafíos y buscar una mayor justicia y equidad en sus respectivos países.

En conclusión, la situación de los derechos humanos en los países BRICS es compleja y variada, con cada país enfrentando desafíos y oportunidades únicas. Mientras estos países emergentes continúan desempeñando un papel cada vez más relevante en la escena global, es fundamental monitorear de cerca la situación de los derechos humanos en cada uno de ellos y abordar de manera efectiva las cuestiones críticas.

En Brasil, la violencia policial y la discriminación contra las minorías siguen siendo motivo de preocupación, mientras que en Rusia, las restricciones a la libertad de prensa y expresión están en aumento. En India, las tensiones religiosas y la discriminación de castas representan desafíos importantes, mientras que en China, la situación de las minorías étnicas, especialmente los uigures, ha atraído atención internacional creciente. En Sudáfrica, a pesar de los significativos avances posteriores al apartheid, persisten desafíos relacionados con la desigualdad económica y la justicia social.

Es esencial que los gobiernos, las organizaciones de derechos humanos y la comunidad internacional trabajen juntos para promover y proteger los derechos humanos en estos países y en todo el mundo. La transparencia, la responsabilidad y el diálogo abierto son herramientas clave para abordar las cuestiones de derechos humanos y buscar soluciones sostenibles. Mientras los países BRICS continúan desempeñando un papel significativo en la política y la economía mundiales, la cuestión de los derechos humanos sigue siendo una parte crucial del debate global sobre justicia y equidad.

18. El Futuro de las BRICS: Perspectivas y Desafíos en el Nuevo Orden Mundial

Las BRICS, compuestas por Brasil, Rusia, India, China y Sudáfrica, han emergido como una fuerza importante en el contexto del nuevo orden mundial. Sin embargo, enfrentan una serie de perspectivas y desafíos en su camino hacia el futuro:

Perspectivas Futuras:

1. **Poder Económico:** Las BRICS continúan creciendo económicamente y ejerciendo una mayor influencia en organizaciones internacionales como el G20. China, en particular, se ha convertido en una potencia económica dominante.

2. **Cooperación:** Las BRICS tienen el potencial de fortalecer la cooperación económica y política entre ellas, lo que podría llevar a una mayor estabilidad global.

3. **Reforma de las Instituciones Globales:** Estos países han buscado la reforma de las instituciones financieras internacionales como el Fondo Monetario Internacional (FMI) para reflejar mejor el cambio en el equilibrio de poder mundial.

4. **Innovación y Tecnología:** Algunos miembros de las BRICS, como China e India, están a la vanguardia en el desarrollo tecnológico e innovación, y pueden contribuir a dar forma a la evolución tecnológica global.

5. **Integración Económica:** Existes oportunidades para un mayor desarrollo de la integración económica entre estos países, como el comercio intra-BRICS y la colaboración en sectores clave como la energía y la infraestructura.

Desafíos Futuros:

1. **Divergencias Políticas:** Las BRICS tienen divergencias políticas y objetivos nacionales que pueden dificultar la cooperación en cuestiones

globales. Por ejemplo, China e India han tenido tensiones territoriales y rivalidades geopolíticas.

2. **Desarrollo Sostenible:** Abordar cuestiones ambientales y promover el desarrollo sostenible es un desafío importante, especialmente dada la gran huella ambiental de algunas economías BRICS.

3. **Derechos Humanos:** La situación de los derechos humanos en algunos países BRICS ha sido motivo de preocupación internacional y podría representar un obstáculo para su reputación global.

4. **Inestabilidad Económica:** Las economías de las BRICS son susceptibles a la inestabilidad económica, como crisis financieras o fluctuaciones en los precios de las materias primas, que podrían socavar su crecimiento.

5. **Competencia Global:** Las BRICS deben navegar en un mundo caracterizado por crecientes rivalidades geopolíticas, incluida la competencia entre Estados Unidos y China.

El futuro de las BRICS dependerá de su capacidad para superar estos desafíos y capitalizar las oportunidades emergentes. La cooperación entre estos países en cuestiones globales, junto con el fortalecimiento de la integración económica y la colaboración en sectores

clave, podría contribuir significativamente a dar forma
al nuevo orden mundial. Sin embargo, será
fundamental abordar las divergencias políticas y
trabajar juntos para enfrentar los desafíos globales que
caracterizan el siglo XXI.

El Futuro de las BRICS: Perspectivas y Desafíos Continuados

Perspectivas Futuras:

6. **Rol en Organizaciones Internacionales:**
   Las BRICS buscan desempeñar un papel más
   influyente en organizaciones como el G20, el
   Fondo Monetario Internacional y el Banco
   Mundial. Pueden trabajar juntas para reformar
   estas instituciones y reflejar mejor la realidad
   económica y política actual.

7. **Inversiones en Infraestructura:** La
   infraestructura es clave para el desarrollo
   económico. Las BRICS pueden colaborar para
   promover proyectos de infraestructura
   conjuntos, mejorando la conectividad entre ellas
   y contribuyendo a la integración regional.

8. **Cooperación Científica y Tecnológica:** La
   investigación y el desarrollo tecnológico son
   esenciales para la innovación económica. Las
   BRICS pueden colaborar en investigación

científica, desarrollo de tecnologías avanzadas y abordar desafíos globales como la salud pública y el cambio climático.

9. **Promoción del Comercio y la Inversión:** Las BRICS pueden trabajar para simplificar los procedimientos comerciales y promover la inversión entre ellas, mejorando así el flujo de bienes y servicios y contribuyendo al crecimiento económico.

Desafíos Futuros:

6. **Tensiones Geopolíticas:** Las tensiones geopolíticas entre algunas de las BRICS, como China e India, pueden obstaculizar la cooperación. La resolución pacífica de conflictos y el diálogo serán esenciales para evitar escaladas perjudiciales.

7. **Seguridad Cibernética y Defensa:** Con la creciente importancia de la tecnología y la seguridad cibernética, las BRICS deben abordar los desafíos de la defensa y la seguridad cibernética, protegiendo infraestructuras críticas e información sensible.

8. **Sostenibilidad Ambiental:** El impacto ambiental de las economías BRICS es significativo. Deben trabajar juntas para abordar

el cambio climático, promover la energía limpia y proteger recursos vitales como el agua.

9. **Derechos Humanos y Libertades:** La situación de los derechos humanos en algunos países BRICS sigue siendo una preocupación. Para ganar una mayor reputación global, deben abordar transparente y responsablemente los temas de derechos humanos.

10. **Vulnerabilidad Económica:** Las economías BRICS pueden ser vulnerables a conmociones económicas globales. Deben adoptar medidas para reducir su dependencia de las materias primas y promover una diversificación económica sostenible.

El futuro de las BRICS se definirá por su capacidad para abordar estos desafíos de manera colaborativa y aprovechar las oportunidades emergentes. Su influencia en el escenario internacional sigue creciendo, y su capacidad de cooperar en cuestiones globales clave será fundamental para dar forma al futuro del nuevo orden mundial.

Perspectivas Futuras Adicionales:

10. **Abordar la Desigualdad:** Las BRICS tienen economías en crecimiento pero enfrentan desigualdades internas significativas. Para garantizar un crecimiento sostenible e inclusivo,

deberán implementar políticas que reduzcan la desigualdad económica y social, asegurando que los beneficios del crecimiento se distribuyan ampliamente.

11. **Salud Pública:** La pandemia de COVID-19 ha destacado la importancia de la salud pública y la cooperación internacional en salud. Las BRICS pueden colaborar para fortalecer sus infraestructuras de salud y promover la investigación médica conjunta para abordar futuros desafíos relacionados con pandemias.

12. **Educación y Fuerza Laboral Calificada:** Invertir en educación y desarrollar una fuerza laboral altamente calificada es crucial para la competitividad económica a largo plazo. Las BRICS pueden desarrollar programas educativos conjuntos y promover intercambios académicos para fomentar la formación de recursos humanos calificados.

13. **Promoción de la Paz y la Seguridad:** La estabilidad geopolítica es esencial para el crecimiento económico y el desarrollo. Las BRICS pueden trabajar juntas para abordar tensiones regionales y promover la paz a través del diálogo y la diplomacia.

14. **Diversificación Económica:** Reducir la dependencia de las materias primas y promover

sectores económicos diversificados ayudará a que las economías BRICS sean menos vulnerables a las fluctuaciones en los precios de las materias primas y a las crisis financieras globales.

Desafíos Futuros:

21. **Rivalidades Geopolíticas:** Las tensiones geopolíticas entre las BRICS, como las disputas territoriales entre China e India, pueden erosionar la cohesión del grupo. Gestionar estas rivalidades de manera pacífica será esencial para el futuro del bloque.

22. **Medio Ambiente y Cambio Climático:** Las economías BRICS se encuentran entre los principales emisores de gases de efecto invernadero en el mundo. Abordar el cambio climático requiere compromisos concretos para reducir las emisiones y adoptar fuentes de energía renovable.

23. **Ciberseguridad:** En la era digital, la ciberseguridad es una preocupación creciente. Las BRICS deberán desarrollar políticas y protocolos conjuntos para enfrentar las amenazas cibernéticas.

24. **Derechos Humanos:** Mejorar la situación de los derechos humanos sigue siendo un desafío crítico para algunas BRICS, con

preocupaciones sobre la libertad de prensa, la independencia del sistema judicial y la libertad de expresión.

25.   **Inestabilidad Económica Global:** Las BRICS deberán enfrentar las consecuencias de la inestabilidad económica global, como las fluctuaciones en los precios de las materias primas y la volatilidad de los mercados financieros.

26.   El futuro de las BRICS es un campo de desafíos y oportunidades. La forma en que estos países aborden estos desafíos y trabajen juntos para aprovechar las oportunidades determinará su papel en la configuración del nuevo orden mundial y el bienestar de sus poblaciones. La cooperación entre las BRICS sigue siendo crucial para abordar cuestiones globales complejas y contribuir a una mayor estabilidad y prosperidad global.

27.   **Perspectivas Futuras:**

28.   **Diplomacia Económica:** Las BRICS pueden intensificar los esfuerzos en diplomacia económica, negociando acuerdos comerciales bilaterales y multilaterales que fomenten el comercio y la inversión. La diversificación de las relaciones comerciales contribuirá a la resiliencia económica.

29.	**Energía Renovable:** La adopción de fuentes de energía renovable es fundamental para abordar el cambio climático. Las BRICS, con sus vastos recursos energéticos, pueden colaborar en el desarrollo y la difusión de tecnologías energéticas limpias.

30.	**Conectividad Infraestructural:** Mejorar la conectividad infraestructural entre los países BRICS facilitaría el comercio y los intercambios, así como la cooperación económica. Proyectos como la Iniciativa Belt and Road (BRI) de China ofrecen oportunidades de desarrollo de infraestructura compartida.

31.	**Participación Activa:** Las BRICS pueden desempeñar un papel más activo en la resolución de crisis regionales y globales, promoviendo la diplomacia y buscando soluciones pacíficas a conflictos y tensiones.

32.	**Colaboración Científica y Tecnológica:** La investigación conjunta y el desarrollo tecnológico son fundamentales para la innovación y la competitividad global. Las BRICS pueden establecer programas conjuntos para promover la ciencia y la tecnología.

Desafíos Futuros:

33. **Tensiones Comerciales Globales:** Las BRICS han sido afectadas por las tensiones comerciales globales, como las que involucran a Estados Unidos y China. Deben buscar formas de mitigar los impactos negativos en las economías y los mercados.

34. **Fragilidad Económica:** Algunas economías BRICS son vulnerables a conmociones económicas. Mejorar la estabilidad financiera y reducir el endeudamiento excesivo es esencial para mitigar estos riesgos.

35. **Enfrentar el Proteccionismo:** El creciente proteccionismo en muchas partes del mundo representa un desafío para las BRICS, que dependen del comercio internacional. Deben respaldar un sistema de comercio multilateral basado en reglas.

36. **Reforma de Instituciones Globales:** La reforma de las instituciones internacionales sigue siendo un desafío, con obstáculos políticos a superar para lograr una representación adecuada en los foros globales.

37. **Desafíos Tecnológicos:** Las BRICS deberán enfrentar desafíos tecnológicos emergentes como la ciberseguridad, la protección de datos y la gobernanza de la inteligencia artificial.

38. El futuro de las BRICS es dinámico e incierto, pero estas naciones han demostrado su resistencia y compromiso para influir en el contexto global. Al continuar trabajando juntas en cuestiones económicas, políticas y ambientales, las BRICS pueden desempeñar un papel significativo en la definición del futuro orden mundial. La cooperación multilateral y el diálogo siguen siendo fundamentales para abordar desafíos comunes y capitalizar las oportunidades emergentes.

Participación Femenina: El empoderamiento de las mujeres y la promoción de la participación femenina en la política y la economía pueden ser objetivos compartidos entre los miembros de las BRICS, con políticas para abordar las desigualdades de género.

Desafíos Futuros:

21.**Inestabilidad Política:** La inestabilidad política en algunos miembros de las BRICS puede obstaculizar su cohesión. Es esencial mantener un diálogo abierto y buscar soluciones diplomáticas para las tensiones políticas internas y externas.

22. **Acceso a los Recursos:** Las BRICS comparten la competencia por los recursos naturales en un mundo en crecimiento. La

gestión sostenible de los recursos será un desafío crucial.

23. **Respeto a los Derechos Humanos:** Las preocupaciones por los derechos humanos persisten en algunos países BRICS. Abordar estos problemas de manera transparente es fundamental para la legitimidad y la credibilidad del grupo.

24. **Conflictos Regionales:** Las BRICS están involucradas en diversas situaciones de conflicto regional. La gestión pacífica de los conflictos y el apoyo a soluciones diplomáticas siguen siendo un desafío.

25. **Adaptación al Cambio Global:** Las BRICS deberán adaptarse a un mundo en constante cambio, donde el equilibrio de poder puede cambiar rápidamente. La flexibilidad y la capacidad de adaptación serán fundamentales.

El futuro de las BRICS es un camino dinámico, y su capacidad para colaborar y enfrentar desafíos complejos será crucial para su éxito. La diversidad de los miembros de las BRICS también ofrece una oportunidad única para abordar una amplia gama de problemas globales. Su influencia continúa creciendo y, como grupo, pueden desempeñar un papel significativo en la configuración del nuevo orden

mundial, promoviendo la estabilidad, la prosperidad y
la cooperación global.

En conclusión, las BRICS (Brasil, Rusia, India, China y
Sudáfrica) representan una coalición de naciones
emergentes que ha ganado una influencia significativa
en el escenario global. En el contexto del nuevo orden
mundial en evolución, las BRICS enfrentan una serie
de perspectivas y desafíos que delinean su futuro.

Las perspectivas futuras de las BRICS incluyen la
posibilidad de:

1. **Promover la Cooperación Multilateral:** Las
   BRICS pueden desempeñar un papel clave en la
   promoción de la cooperación multilateral y el
   fortalecimiento de las instituciones globales para
   abordar desafíos como el cambio climático, la
   ciberseguridad y la salud pública.

2. **Crecimiento Económico Sostenible:** Con un
   compromiso con políticas económicas prudentes
   y la innovación, las BRICS pueden mantener un
   crecimiento económico sólido y contribuir a la
   estabilidad económica global.

3. **Innovación Tecnológica:** La colaboración
   entre los miembros de las BRICS puede fomentar
   la innovación tecnológica y promover sectores de
   alto crecimiento como la inteligencia artificial y
   la biotecnología.

4. **Diplomacia Activa:** Las BRICS pueden continuar desempeñando un papel activo en la diplomacia global, buscando soluciones pacíficas a conflictos regionales y globales.

Sin embargo, también existen desafíos significativos que las BRICS deben enfrentar, incluyendo:

1. **Tensiones Geopolíticas:** Las tensiones entre algunos miembros de las BRICS, como China e India, pueden socavar la cohesión del grupo y requieren gestión diplomática.

2. **Cambio Climático:** Las BRICS están entre los principales emisores de gases de efecto invernadero y deben enfrentar presiones para reducir las emisiones y adoptar fuentes de energía limpia.

3. **Derechos Humanos:** Las preocupaciones por los derechos humanos en algunos países BRICS requieren atención, con la necesidad de mejorar las condiciones de los derechos humanos para garantizar la legitimidad del grupo.

4. **Inestabilidad Económica Global:** Las BRICS deben estar preparadas para enfrentar la inestabilidad económica global, incluyendo las fluctuaciones en los precios de las materias primas y las crisis financieras.

5. **Desafíos Tecnológicos:** La ciberseguridad y la gobernanza de las tecnologías emergentes representan desafíos crecientes que requieren acciones coordinadas.

En última instancia, el futuro de las BRICS es un campo de posibilidades y desafíos. La forma en que estos países aborden estos desafíos y trabajen juntos para aprovechar las oportunidades será crucial para su papel en la configuración del nuevo orden mundial. La cooperación multilateral y el diálogo siguen siendo fundamentales para abordar cuestiones globales complejas y para contribuir a una mayor estabilidad y prosperidad global.

19. Casos de Estudio Análisis detallado de casos de estudio específicos relacionados con los BRICS.

Sin duda, examinamos algunos casos de estudio específicos relacionados con los BRICS para obtener una comprensión más profunda de cómo estas naciones actúan e interactúan en el contexto global:

Caso de Estudio 1: El Banco de los BRICS (Banco de Desarrollo del Nuevo Banco - NDB)

El Banco de los BRICS, con sede en Shanghái, fue

creado para financiar proyectos de desarrollo de infraestructura sostenible en los países miembros de los BRICS y otras economías emergentes. Es un ejemplo de cooperación económica dentro de los BRICS.

Objetivos: El NDB tiene como objetivo promover el desarrollo sostenible mediante la financiación de proyectos de infraestructura, medio ambiente y sociales en los países miembros de los BRICS y más allá.

Éxitos: El NDB ha financiado proyectos importantes como la construcción de carreteras en la India, proyectos energéticos en China y la gestión del agua en Sudáfrica. También desempeñó un papel significativo durante la pandemia de COVID-19 al proporcionar financiamiento para abordar la crisis sanitaria y económica.

Desafíos: El NDB debe enfrentar desafíos como la recaudación de fondos, la gestión de recursos y la coordinación entre los países miembros con diversas prioridades de desarrollo.

Caso de Estudio 2: La Iniciativa Belt and Road (BRI) de China La BRI es un ambicioso programa de infraestructura y desarrollo económico promovido por China que involucra a muchos países, incluidos algunos miembros de los BRICS.

Objetivos: La BRI tiene como objetivo crear una red de conexiones comerciales e infraestructuras que conecten a China con Europa, África y Asia. Este proyecto se ha visto como una oportunidad para que China expanda su influencia económica y política.

Impacto en los BRICS: Muchos países de los BRICS, incluidos Rusia e India, participan en la BRI. Esto ha llevado a un aumento en el comercio y la inversión regional, pero también ha generado preocupaciones sobre la soberanía y la dependencia económica.

Desafíos: La BRI ha enfrentado críticas en relación con la transparencia, la sostenibilidad ambiental y la gobernanza. El equilibrio entre los beneficios económicos y las cuestiones de seguridad es un desafío en curso.

Caso de Estudio 3: Cooperación en los Sectores de Energía y Agricultura Los BRICS también colaboran en sectores clave como la energía y la agricultura.

Energía: La cooperación energética entre los BRICS incluye la compartición de tecnologías y la creación de plataformas de cooperación. Por ejemplo, China y Rusia han establecido acuerdos energéticos, mientras que Brasil ha colaborado con India en el desarrollo de biocombustibles.

Agricultura: Los BRICS trabajan juntos para abordar los desafíos alimentarios globales. Brasil, por ejemplo, es un importante exportador de productos agrícolas, mientras que India tiene un sector agrícola en crecimiento. La cooperación en este sector puede contribuir a garantizar la seguridad alimentaria global.

Estos casos de estudio destacan la variedad de sectores en los que los BRICS colaboran y las oportunidades y desafíos asociados. La cooperación entre los BRICS es compleja y evoluciona, pero sigue siendo una parte importante del panorama geopolítico y económico global.

Caso de Estudio 4: Cooperación en Ciencia e Investigación Los BRICS también colaboran en el ámbito científico y tecnológico para promover la innovación y el desarrollo. Esta cooperación contribuye al avance del conocimiento y la aceleración del desarrollo tecnológico.

Intercambio Académico: Los BRICS promueven el intercambio de estudiantes, investigadores y académicos entre sus países miembros. Esto fomenta la diversidad cultural y contribuye a la expansión del conocimiento.

Investigación Conjunta: Los países BRICS colaboran en proyectos de investigación conjunta sobre cuestiones científicas y tecnológicas de interés común.

Esto puede incluir desde energía renovable hasta medicina, inteligencia artificial y astronomía.

Inversiones en Investigación y Desarrollo: Algunos países BRICS invierten en infraestructuras de investigación y desarrollo, promoviendo la innovación tecnológica y la competitividad a nivel mundial.

Caso de Estudio 5: Cooperación Militar Los BRICS mantienen relaciones militares y llevan a cabo ejercicios conjuntos. Aunque la cooperación militar no es un objetivo principal de los BRICS, representa una faceta de su colaboración.

Ejercicios Conjuntos: Los BRICS han realizado ejercicios militares conjuntos, como las operaciones antiterroristas "Peace Mission" y los ejercicios navales. Estos ejercicios fomentan la cooperación entre las fuerzas armadas de los países miembros.

Compartir Técnicas Militares: Los países BRICS pueden compartir experiencias y técnicas militares para mejorar su capacidad defensiva y participar en operaciones de mantenimiento de la paz de las Naciones Unidas.

Desafíos de Seguridad Comunes: Los BRICS pueden colaborar para abordar desafíos de seguridad comunes, como el terrorismo internacional y la piratería marítima.

Caso de Estudio 6: La Diplomacia Monetaria

Los BRICS también han explorado oportunidades de colaboración en el sector financiero y monetario. • Resolución de Conflictos Monetarios: Durante la crisis financiera global de 2008, los BRICS intentaron coordinar políticas monetarias para mitigar los efectos de la crisis en sus países. • Banco de los BRICS: Como se mencionó anteriormente, la creación del Banco de los BRICS tiene como objetivo proporcionar financiamiento para proyectos de infraestructura en los países miembros. Esto representa un esfuerzo significativo de cooperación financiera. • Reforma del FMI: Los BRICS han respaldado la reforma de las instituciones financieras internacionales, como el Fondo Monetario Internacional, para reflejar mejor la realidad económica y política actual. Estos casos de estudio demuestran la diversidad de áreas en las que los BRICS buscan colaborar, desde el sector científico y tecnológico hasta el ámbito militar y financiero. Su cooperación está motivada por la búsqueda de soluciones comunes a desafíos globales y el objetivo de promover la estabilidad y el crecimiento económico en sus países miembros y más allá.

Caso de Estudio 7: Cooperación en el Sector de Energías Renovables

Los BRICS reconocen la importancia de las energías renovables en la transición hacia un futuro más sostenible. Algunos miembros de los BRICS se encuentran entre los principales

productores y consumidores de energía en el mundo, y
la cooperación en este sector puede tener un impacto
significativo: • Energía Solar: India y China, en
particular, están realizando inversiones masivas en
tecnologías solares. La colaboración entre estos países
puede contribuir al desarrollo y la difusión de
soluciones solares accesibles y eficientes. • Energía
Eólica: Algunos países BRICS, como Brasil y Sudáfrica,
han aprovechado los recursos eólicos para la
producción de energía. El intercambio de mejores
prácticas y tecnologías puede estimular aún más la
adopción de la energía eólica. • Tecnologías Verdes: La
investigación y el desarrollo conjunto de tecnologías
verdes, como baterías de alta capacidad o sistemas de
almacenamiento de energía, pueden contribuir a
mitigar el cambio climático y promover la
independencia energética.

**Caso de Estudio 8: Cooperación Cultural y
Académica** Los BRICS se caracterizan por culturas y
tradiciones diversas. La cooperación cultural y
académica es fundamental para promover la
comprensión mutua y el diálogo intercultural: •
Intercambio Cultural: Los BRICS organizan festivales
culturales, exposiciones de arte y eventos
gastronómicos para compartir su diversidad cultural.
Estos eventos contribuyen a sensibilizar y promover el
interés mutuo. • Colaboración Académica: Las
universidades de los países BRICS promueven

intercambios académicos y colaboraciones en investigación. Esto fomenta el desarrollo de nuevos conocimientos y tecnologías. • Promoción del Idioma: La promoción de los idiomas de los países BRICS, como el portugués, el ruso y el hindi, puede facilitar la comunicación y el comercio entre los miembros.

Caso de Estudio 9: Cooperación en el Espacio

La exploración espacial es un sector en el que algunos miembros de los BRICS han demostrado competencia. La colaboración en el espacio puede llevar a beneficios compartidos: • Satélites Compartidos: India ha lanzado satélites para otros países BRICS, demostrando su capacidad tecnológica en el espacio. Esta colaboración puede mejorar la cobertura satelital y la conectividad en las regiones involucradas. • Investigación Espacial: La cooperación en la investigación espacial puede incluir misiones conjuntas de exploración de la Luna o Marte y el intercambio de datos científicos. • Aplicaciones Terrestres: Las tecnologías desarrolladas para la exploración espacial pueden tener aplicaciones terrestres, como la predicción del clima, la gestión de recursos naturales y las comunicaciones.

Estos casos de estudio ilustran aún más cómo los BRICS buscan colaborar en diferentes sectores para promover el crecimiento económico sostenible, la innovación tecnológica y la cooperación internacional. La diversidad de habilidades y recursos entre los miembros de los BRICS ofrece muchas oportunidades para el desarrollo conjunto y la consecución de objetivos comunes.

En conclusión, los casos de estudio mencionados anteriormente resaltan la amplia gama de sectores en los que las BRICS buscan cooperar para promover la estabilidad, el desarrollo y la sostenibilidad global. Las BRICS han demostrado un compromiso significativo en trabajar juntas para abordar desafíos globales, fomentar el crecimiento económico y la innovación tecnológica, y mejorar la comprensión intercultural. Estos esfuerzos de cooperación reflejan la aspiración de las BRICS de desempeñar un papel más influyente en el nuevo orden mundial.

Sin embargo, es importante destacar que las BRICS también enfrentan desafíos internos y externos que pueden afectar su capacidad de cooperar de manera efectiva. Estos desafíos pueden incluir divergencias políticas, económicas y sociales entre los miembros, así como la necesidad de equilibrar sus prioridades nacionales con las del grupo.

El futuro de las BRICS dependerá en gran medida de su capacidad para enfrentar estos desafíos y capitalizar las oportunidades de cooperación. Si logran mantener una colaboración constructiva, podrán desempeñar un papel cada vez más significativo en la configuración del nuevo orden mundial, influyendo en cuestiones que van desde la política económica global hasta la sostenibilidad ambiental.

En resumen, las BRICS representan una coalición diversificada de países con un notable potencial. Su capacidad para trabajar juntas en sectores clave determinará en gran medida su impacto en el futuro del orden mundial.

20. Conclusión • Reflexiones finales sobre el papel de las BRICS en el nuevo orden mundial y posibles escenarios futuros.

En la conclusión, consideramos el papel de las BRICS en el nuevo orden mundial y algunas posibles perspectivas futuras:

Las BRICS, compuestas por Brasil, Rusia, India, China y Sudáfrica, representan un grupo de naciones emergentes con un considerable potencial económico y político. Su cooperación tiene como objetivo desafiar la hegemonía occidental y contribuir a modelar un nuevo orden mundial más equitativo y multipolar.

El papel de las BRICS en la economía global es significativo. China se ha convertido en la segunda economía más grande del mundo, y la India está creciendo constantemente. Estos países contribuyen de manera significativa al crecimiento económico mundial y están promoviendo acuerdos comerciales regionales e

iniciativas de desarrollo de infraestructura que pueden
tener un impacto a largo plazo.

Las BRICS también están buscando influir en las
instituciones financieras internacionales, como el
Fondo Monetario Internacional (FMI) y el Banco
Mundial, para que reflejen mejor la realidad económica
actual y reduzcan la dependencia de las instituciones
occidentales.

En el ámbito político, las BRICS enfrentan desafíos y
oportunidades. Existen diferencias entre los miembros
en cuestiones políticas y estratégicas, pero también hay
una voluntad común de promover la estabilidad y la
paz global.

Sin embargo, el futuro de las BRICS no está exento de
obstáculos. Las tensiones entre los miembros, las
diferencias culturales y los desafíos internos pueden
limitar su capacidad de cooperar de manera efectiva.
Además, el contexto geopolítico en constante
evolución, con crecientes rivalidades entre las
potencias globales, puede poner a prueba la cohesión
de las BRICS.

Algunos posibles escenarios futuros incluyen:

1. Fortalecimiento de la cooperación: Las BRICS
   podrían fortalecer su cooperación económica,
   política y estratégica, ampliando su impacto en el

nuevo orden mundial y contribuyendo a promover la estabilidad global.

2. Desafíos internos: Las tensiones entre los miembros podrían intensificarse, lo que llevaría a una menor cohesión dentro del grupo. Esto podría debilitar su capacidad de influir en el nuevo orden mundial.

3. Profundización de las relaciones bilaterales: Algunos miembros de las BRICS podrían centrarse más en el desarrollo de sus relaciones bilaterales con potencias globales como Estados Unidos o la Unión Europea, reduciendo la atención a la cooperación dentro del grupo.

En conclusión, las BRICS tienen el potencial de desempeñar un papel significativo en el nuevo orden mundial, pero los desafíos internos y externos pueden influir en su camino futuro. Su capacidad para navegar por estos desafíos y aprovechar las oportunidades determinará en gran medida su impacto en los cambios globales en las décadas por venir.

Continuación de las Perspectivas Futuras:

4. Integración Económica: Las BRICS podrían buscar profundizar la integración económica entre ellas, promoviendo el comercio y las inversiones mutuas. La eliminación de barreras comerciales y la estandarización de las normas comerciales podrían facilitar una mayor cooperación económica.

5. Desarrollo Tecnológico: China, en particular, está haciendo avances significativos en tecnología, desde la inteligencia artificial hasta la tecnología 5G. Las BRICS podrían buscar cooperar en investigación y desarrollo tecnológico para competir a nivel global en estos sectores clave.

6. Reforma de las Instituciones Globales: Las BRICS continúan respaldando la reforma de las instituciones financieras internacionales como el Fondo Monetario Internacional (FMI) y el Banco Mundial. Podrían intensificar los esfuerzos para lograr una mayor representación e influencia en estas instituciones.

7. Defensa de Normas Internacionales: Las BRICS podrían comprometerse a defender las normas internacionales y el multilateralismo en un momento en que estos principios son puestos a prueba por crecientes tendencias unilaterales y nacionalistas.

8. Sostenibilidad Ambiental: Con el aumento de las preocupaciones ambientales, las BRICS podrían colaborar más estrechamente en la investigación y desarrollo de tecnologías sostenibles y en la lucha contra el cambio climático.

9. Gestión de Crisis Globales: Las BRICS podrían desarrollar capacidades de gestión de crisis globales, como la respuesta a pandemias o catástrofes naturales, demostrando solidaridad y capacidad de intervención.

10. Promoción de la Paz y la Seguridad: Las BRICS podrían buscar promover la paz y la seguridad globales a través del diálogo, la diplomacia preventiva y la cooperación en las operaciones de mantenimiento de la paz de las Naciones Unidas.

Las BRICS, a pesar de enfrentar desafíos y diferencias internas, han demostrado una voluntad de cooperar en una serie de cuestiones globales. Su compromiso de crear un nuevo orden mundial basado en principios de equidad, cooperación y desarrollo sostenible sigue influyendo en la política global.

La evolución de las BRICS será observada con atención, ya que su papel en el nuevo orden mundial está destinado a crecer en importancia. Cómo se adapten a los desafíos en rápida evolución y cómo profundicen su cooperación en sectores clave son cuestiones cruciales que darán forma a su impacto futuro en la escena internacional.

Aprofundización de las Dinámicas BRICS:

11. Colaboración Sectorial: Las BRICS podrían buscar colaborar en sectores específicos como energía, agricultura, educación y salud. Esta cooperación

sectorial podría llevar a desarrollos concretos y
beneficios tangibles para los ciudadanos de los países
miembros.

12. Diplomacia Multi-Track: Las BRICS podrían
aprovechar enfoques de diplomacia multi-track,
involucrando no solo a los gobiernos sino también a la
sociedad civil, las empresas y las instituciones
académicas para promover una comprensión y
cooperación más amplias entre los países miembros.

13. Inversiones en Infraestructura: Un mayor
compromiso en la financiación y realización de
proyectos de infraestructura a gran escala dentro y
entre los países BRICS podría llevar a mejoras en las
redes de transporte, las telecomunicaciones y el acceso
a la energía.

14. Intercambio Cultural: La promoción del
intercambio cultural entre los países BRICS podría
contribuir a una mejor comprensión mutua y a una
mayor apertura cultural. Esto podría incluir festivales
culturales, programas de intercambio de estudiantes y
la promoción de idiomas y tradiciones de los países
miembros.

15. Promoción de Idiomas: Las BRICS podrían
considerar la adopción de un idioma común o la
promoción del uso de los idiomas de los países
miembros en las relaciones comerciales y diplomáticas
para mejorar la comunicación y la cooperación.

16. Participación en Organizaciones Regionales: Las BRICS podrían buscar fortalecer su presencia e influencia en organizaciones regionales, como la Unión Africana o la Organización de los Estados Americanos, para ampliar su alcance y fortalecer las relaciones con otras regiones.

17. Equilibrio entre Intereses Nacionales y Colectivos: Las BRICS enfrentan el desafío de equilibrar sus intereses nacionales con los colectivos del grupo. Encontrar un equilibrio entre la soberanía nacional y la cooperación multilateral seguirá siendo un desafío clave.

18. Participación en la Resolución de Conflictos Globales: Las BRICS podrían desempeñar un papel más activo en la resolución de conflictos globales, actuando como mediadores o respaldando los esfuerzos diplomáticos en áreas como el Medio Oriente, África y Asia.

19. Compromiso con un Mundo Multipolar: Las BRICS respaldan la idea de un mundo multipolar en el que ninguna nación o bloque de naciones domine. Pueden trabajar para promover un sistema internacional más equitativo e inclusivo.

20. Monitoreo y Evaluación: Las BRICS podrían desarrollar mecanismos de monitoreo y evaluación para medir la efectividad de sus iniciativas y asegurarse de que estén alcanzando sus objetivos.

Las BRICS, con su diversidad y recursos, continúan
influyendo en el panorama global. Su capacidad para
adaptarse a los desafíos emergentes y aprovechar las
oportunidades determinará en gran medida su impacto
en la política mundial y en la evolución del nuevo
orden mundial.

Profundización en las Dinámicas de las BRICS:

21. Colaboración en Innovación: Las BRICS
podrían intensificar la colaboración en innovación y en
investigación científica. Esto podría incluir el
intercambio de conocimientos y tecnologías avanzadas
en áreas como la medicina, la tecnología de energías
renovables y la inteligencia artificial.

22. Cooperación en los Mercados Financieros:
Las BRICS podrían buscar desarrollar aún más sus
mercados financieros internos y promover la
cooperación en los sectores bancario y financiero. Esto
podría incluir la apertura de sucursales de instituciones
financieras de los países BRICS en sus respectivos
mercados.

**23. Participación Activa en Organizaciones
Regionales:** Las BRICS podrían aumentar su
participación e influencia en organizaciones regionales,
como la ASEAN o el Mercosur, para promover una
mayor cooperación económica y política en sus
respectivas regiones.

24. Promoción de los Derechos Humanos: Las BRICS podrían comprometerse a mejorar la situación de los derechos humanos en sus respectivos países y a promover estándares globales más elevados en esta área, demostrando liderazgo en la protección de los derechos humanos.

25. Diplomacia de Salud: Dadas las experiencias con epidemias como la del Ébola y la pandemia de COVID-19, las BRICS podrían desarrollar una diplomacia de salud más efectiva para abordar los desafíos de salud globales y fortalecer los sistemas de salud en los países miembros.

26. Cooperación en el Control de Armas: Las BRICS podrían buscar promover el desarme nuclear y una mayor transparencia en la proliferación de armas, contribuyendo a la estabilidad internacional.

27. Crecimiento de las Economías Verdes: La adopción de estrategias de crecimiento económico verde podría estar en el centro de las políticas económicas de las BRICS para abordar los desafíos ambientales y promover un desarrollo sostenible.

28. Integración Cultural: La promoción de la integración cultural podría incluir la creación de centros culturales e intercambios artísticos entre los países miembros, contribuyendo a una mayor comprensión de las culturas mutuas.

29. Profundización en las Relaciones con África: Las BRICS podrían intensificar su cooperación con los países africanos, fortaleciendo las relaciones políticas, económicas y culturales, y contribuyendo al progreso de África.

30. Colaboración en Inteligencia Artificial y Ciberseguridad: Dadas las crecientes amenazas en el campo de la seguridad cibernética, las BRICS podrían cooperar para abordar las amenazas cibernéticas y promover el uso responsable de la inteligencia artificial.

Las BRICS, a través de su cooperación y compromiso, pueden influir significativamente en el panorama global. Su compromiso para abordar desafíos comunes y promover la cooperación multilateral seguirá siendo crucial para determinar su papel en el nuevo orden mundial.

En conclusión, las BRICS (Brasil, Rusia, India, China y Sudáfrica) representan un grupo de naciones emergentes que desempeñan un papel cada vez más relevante en el contexto del nuevo orden mundial. Las dinámicas dentro de las BRICS y su impacto en la escena global están influenciadas por una serie de factores complejos.

Estas cinco naciones tienen una diversidad de intereses, culturas, economías y sistemas políticos, lo que hace que su cooperación y el logro de objetivos comunes sean un proceso dinámico y desafiante. Sin embargo, las BRICS han demostrado la capacidad de trabajar juntas en cuestiones de interés compartido, como la reforma de las instituciones financieras internacionales y la promoción del desarrollo sostenible.

Las BRICS tienen un impacto significativo en la política económica global. Han contribuido a cambiar el equilibrio de poder económico hacia las economías emergentes y están ganando cada vez más influencia en las negociaciones comerciales internacionales. La apertura de sus mercados y la promoción de las inversiones mutuas han fomentado el comercio y el crecimiento económico.

En el ámbito político, las BRICS han buscado desempeñar un papel constructivo en la resolución de conflictos globales y en la promoción de un orden mundial más justo. Sin embargo, deben enfrentar desafíos como las diferencias en sus políticas exteriores y cuestiones relacionadas con los derechos humanos.

En el campo de la innovación y la tecnología, las BRICS se están convirtiendo en centros importantes para la investigación y el desarrollo. Su colaboración en sectores de alta tecnología como la inteligencia artificial y las energías renovables es fundamental para el progreso global.

Las BRICS también desempeñan un papel crucial en la
promoción del desarrollo sostenible y la lucha contra el
cambio climático. Las políticas sostenibles adoptadas
por los miembros del grupo pueden servir como
ejemplo para otras naciones.

En resumen, el futuro de las BRICS será determinado
por su capacidad para equilibrar los intereses
nacionales con los colectivos, abordar los desafíos
emergentes como la tecnología y el medio ambiente, y
desempeñar un papel constructivo en el contexto del
nuevo orden mundial. La cooperación dentro de las
BRICS seguirá siendo crucial para abordar los desafíos
globales y promover un mundo multipolar e inclusivo.

Exploración de las Dinámicas de las BRICS:

1. Introducción a las BRICS: Comenzamos con una
visión general de las BRICS, definiéndolas y trazando
su historia y evolución.

2. Economía de las BRICS: Examinamos en detalle
las economías de cada miembro y su impacto global,
destacando los desafíos y oportunidades.

3. Política de las BRICS: Investigamos las políticas
internas y externas de los países BRICS, incluyendo las
dinámicas de sus relaciones bilaterales.

4. Relaciones Internacionales: Analizamos las relaciones de las BRICS con otros actores globales, como Estados Unidos, la Unión Europea y otros grupos regionales.

5. Nuevo Orden Mundial: Definimos el concepto de nuevo orden mundial y cómo las BRICS contribuyen a darle forma.

6. Impacto de las BRICS en el Nuevo Orden Mundial: Examinamos cómo las BRICS influyen en el equilibrio de poder global, la política económica y las dinámicas geopolíticas.

7. Tecnología e Innovación: Analizamos el papel de las BRICS en el desarrollo tecnológico y la innovación, explorando los desafíos y oportunidades.

8. Desarrollo Sostenible: Investigamos las políticas y prácticas de desarrollo sostenible adoptadas por las BRICS y su impacto en el medio ambiente.

9. Desigualdades y Disparidades: Examinamos las desigualdades dentro y entre los países BRICS y los desafíos relacionados.

10. Conflictos y Cooperación: Analizamos los conflictos y áreas de cooperación entre los miembros de las BRICS.

11. Cambio Climático: Examinamos el papel y la responsabilidad de las BRICS en el contexto del cambio climático.

12. Estrategias de Defensa y Seguridad: Investigamos las políticas de defensa y seguridad de las BRICS en el nuevo orden mundial.

13. Cultura y Sociedad: Exploramos el impacto de las culturas y sociedades de las BRICS en el mundo.

14. Instituciones Financieras: Examinamos el papel de las instituciones financieras de las BRICS, como el Banco de los BRICS.

15. Comercio Internacional: Analizamos el papel de las BRICS en el comercio internacional y sus implicaciones económicas.

16. Globalización vs Nacionalismo: Discutimos cómo las BRICS equilibran la globalización y el nacionalismo.

17. Derechos Humanos: Analizamos la situación de los derechos humanos en los países BRICS.

18. Futuro de las BRICS: Examinamos las perspectivas y desafíos futuros para las BRICS en el nuevo orden mundial.

19. Casos de Estudio: Realizamos un análisis detallado de casos de estudio específicos relacionados con las BRICS.

20. Conclusión: Por último, reflexionamos sobre el papel de las BRICS en el nuevo orden mundial y los posibles escenarios futuros.

Para obtener más información y recursos, puede consultar los sitios web de organizaciones internacionales como la UNESCO, el Fondo Monetario Internacional (FMI), la Organización Mundial del Comercio (OMC) y el sitio web oficial de las BRICS. Además, los libros, artículos académicos e informes de investigación pueden ser fuentes útiles para profundizar aún más en este tema. Este libro proporciona una visión completa de las BRICS y sus dinámicas, pero también alienta a los lectores a seguir explorando este fascinante tema a través de recursos adicionales.